Sandeau.

MARIANNA.

LIBRAIRIE DE CHARLES GOSSELIN,
Rue St-Germain des-Prés, 9.

1839.

MARIANNA.

PARIS. — IMPRIMERIE DE P. BAUDOUIN,
Rue et hôtel Mignon, 2.

MARIANNA.

PAR

JULES SANDEAU.

—

Deuxième édition.

PARIS,
LIBRAIRIE DE CHARLES GOSSELIN,
Rue St-Germain-des-Prés, 9.

—

1839.

I

Je ne sache pas qu'il y ait au monde une plus grande douleur que celle de l'amour délaissé. J'ai assisté bien des misères, et j'ai pu me convaincre qu'il n'est pas de plus grand désespoir. Il faut avoir pleuré les vivans, pour comprendre qu'il peut être doux de pleurer les morts. Oui, c'est une incommensurable douleur. Madame de Belnave y creusa sa tombe, et s'y enferma pour mourir. Suivie de Mariette qui ne voulut jamais consentir à l'abandonner, elle partit au bout de quelques jours et se dirigea vers les côtes de la Bretagne. On l'avait souvent entretenue de la mélancolie de ces grèves désertes, et la plainte éternelle de l'Océan l'attirait par d'ineffables sympathies. Henry l'accompagna jusqu'à la voiture. A l'heure du départ, il voulut lui baiser les mains; mais elle l'appela sur son cœur.

— Cher enfant, lui dit-elle, vous avez été bon pour la pauvre délaissée!

— Nous nous reverrons bientôt, répondit le jeune homme.

— Bientôt! répéta Marianna en secouant la tête d'un air de doute. Vous êtes bien jeune pour me suivre où je vais, dit-elle.

Les chevaux s'élancèrent au galop. Madame

de Belnave ouvrit le vasistas et se pencha pour envoyer à Henry un dernier adieu. Il était à la même place, sombre et le regard attaché sur la diligence qui semblait emporter sa vie tout entière.

Fut-il jamais créature plus misérable! Jusqu'à ce moment suprême, Marianna, dût-on l'accuser de folie! avait douté de son désastre. Est-il besoin de dire ce que l'infortunée n'avait pas osé s'avouer à elle-même? que ce départ était un dernier essai, une dernière épreuve à laquelle elle avait voulu soumettre l'ingrat qui la dédaignait. Elle s'était confusément flattée qu'il n'aurait pas la cruauté de laisser s'accomplir un si horrible martyre. Comme le condamné, au pied de l'échafaud, elle avait attendu sa grâce. Près de partir, ses yeux cherchèrent Bussy dans la foule des voyageurs. Tant que la voiture roula sur le pavé de Paris, il lui sembla que George allait, à chaque détour de rue, se jeter à la tête des chevaux, la ramener triomphante, ou s'enfuir heureux avec elle. Mais quand elle eut franchi la barrière, quand elle n'entendit plus les rumeurs de la ville, qu'elle vit les horizons s'élargir et se dérouler, comprenant, seulement alors, que tout était fini pour elle, elle se cramponna convulsivement à sa place, et serra son mouchoir entre ses dents pour ne pas éclater en sanglots.

Oui, tout était fini! et pourtant, quand une chaise de poste filait, comme un trait, sur la route, pourquoi donc y plongeait-elle un avide regard? Pourquoi son front s'illuminait-il d'un rayon de folle espérance?

Il est, sur la côte de Bretagne, un petit hameau du nom de Sainte-Marie. Ce ne sont, à vrai dire, que quelques pauvres maisons groupées autour d'une église rustique. Tous les habitans y vivent de la mer. Les femmes récoltent le varech; les hommes transportent sur leurs chaloupes, les grains, le bois et l'engrais, qui s'échangent entre les îles voisines et les côtes. Pornic est la ville la plus prochaine : encore n'est-ce qu'un gros bourg où le bruit de la civilisation ne pénètre guère avant la saison des bains. L'aspect de ces rivages est d'une tristesse profonde. Les champs sont nus et stériles; de maigres troupeaux y tondent un rare gazon, imprégné des exhalaisons salines. La grève est hérissée de noirs rochers, anfractueux, creusés par la vague. On n'entend que le mugissement des flots. D'une part, l'onde, tantôt unie comme une glace, tantôt furieuse et roulant des monts; de l'autre, un terrain désolé où croissent seulement les ajoncs et les bruyères. Parfois, quelques voiles blanchissent à l'horizon; un goëland égratigne la lame du bout de ses longues ailes; dans le sentier qui longe la plage, un cheval, conduit par un enfant, passe chargé de sable ou de goëmon.

Le hasard conduisit madame de Belnave dans ces parages. Ces lieux offrirent une patrie à son désespoir. Il est des âmes pour qui la douleur n'est qu'un prétexte de distractions. Il faut à leur tristesse des rives bénies du ciel, à leur exil les merveilles des arts et le luxe de la nature. Elles vont exhaler leurs soupirs sous les orangers de la rivière de Gênes, faire redire leurs plaintes aux échos de Parthénope ou de Tibur. Ce sont de faibles âmes et de lâches douleurs. Résolue à s'ensevelir dans ce pauvre hameau, madame de Belnave trouva, pour elle et pour Mariette, un asile chez une femme, dont le fils et le mari s'étaient embarqués récemment, sur un brick Nantais, pour une navigation de long cours. Marianna se réserva la chambre du fils, véritable chambre de matelot! la couchette était dure, les meubles grossiers, les murs blanchis à la chaux : mais qu'importait à Marianna ? elle ne cherchait qu'une tombe.

Elle souffrit d'un cœur vaillant, qui aime son mal et veut en mourir. Ce mal est encore de l'amour : elle s'y plongea avec volupté. Elle déchira ses blessures de ses propres mains : elle s'abreuva tout à loisir de son sang et de ses larmes. O vanité de la douleur ! En présence de la mer, Marianna ne s'humilia pas devant cette grande désolée, qui remplit ses rivages de lamentations éternelles. Elle crut entendre une âme répondre aux sanglots de la sienne. Bientôt, en effet, ce fut comme deux âmes conversant et se comprenant l'une l'autre. Il s'établit entre elles je ne sais quelles communications mystérieuses. Quand les vagues soulevées bondissaient en fureur — cavales à la blanche crinière — pâle, échevelée, elle allait sur la grève, et là, pareille à l'Esprit de la Tempête, elle mêlait ses cris aux clameurs de l'ouragan. — Bien! disait-elle en marchant contre la lame; bien! tourmentée comme moi, c'est ainsi que je t'aime! — Et s'offrant avec une sombre joie à l'écume glacée que le vent lui jetait au visage, elle croyait recevoir le baiser de la sœur de son désespoir. Quand l'onde miroitée reposait au soleil, elle s'étendait sur le sable, ou bien, assise, comme une mouette, sur un des rochers de la rive, elle écoutait le langage des flots. Alors, comme les flots caressant la plage, les souvenirs du bonheur venaient baigner son cœur apaisé. Elle suivait du regard les voiles qui glissaient à l'horizon, comme des rêves de son passé. Elle disait à la mer ses joies éteintes, ses félicités évanouies. Elle appelait George avec amour et se plaignait doucement à lui, tout en le pressant sur son sein. Elle passait ainsi des journées entières, et que de nuits, accoudée sur sa fenêtre ouverte, à contempler, dans de douloureuses extases, les vagues dont la lune blanchissait la crête !

Cette perpétuelle contemplation de l'Océan, jointe à l'exaltation de la douleur, avait fini par exercer sur madame de Belnave une fascination étrange. Parfois, assise sur la grève, le regard fixé sur la mer, elle se sentait invinciblement attirée par la lame, et, pour ne pas céder à cette attraction magnétique, elle était obligée de se cramponner aux aspérités du rivage.

Alors, frappée d'épouvante, il lui semblait que chaque vague prenait une voix pour la rassurer.

— Viens ! disaient ces voix caressantes, viens mêler tes douleurs aux nôtres. Nous sommes des âmes désolées comme toi ; comme nous, condamnée à une plainte sans fin, viens pleurer avec tes sœurs. Que ferais-tu sur la terre ? la terre fleurit et chante : nous autres, nous gémissons toujours. Tu manques à nos concerts. Nous avons des grottes d'azur, toutes humides de nos larmes : nous t'y porterons mollement sur nos seins gonflés de soupirs. Viens, livre-toi sans crainte à celle d'entre nous qui s'avance vers toi sur la grève. C'est la plus douce de nos compagnes. Ne la vois-tu pas qui relève, pour t'emporter, la frange d'argent de sa robe?

Et la lame, déferlant sur la plage, venait agacer les pieds de Marianna, se creusait pour la recevoir, se retirait en l'invitant, revenait pour l'inviter encore. Fascisnée, immobile, les mains enfoncées dans le sable, Marianna la suivait d'un œil ardent. — Viens! répétaient les voix mélodieuses; que ferais-tu sur la terre? la terre fleurit et chante : nous autres, nous gémissons toujours.

C'était le suicide qui lui apparaissait, paré de toutes ses séductions. Mourir ainsi devint pour madame de Belnave une préoccupation de tous les instans. Vainement elle essaya de la repousser. La mer était toujours là, et toujours les vagues murmuraient leur refrain plaintif. Marianna finit par le dire à son tour. Qu'attendait-elle de la vie? Que lui restait-il en ce monde? le seul asile qu'elle se fût réservé en s'exilant de Blanfort, Bussy ne venait-il pas de le lui fermer à jamais? Elle se tourna vers le refuge que lui offrait l'Océan. Ce ne fut pas toutefois un projet froidement conçu, nettement arrêté, devant s'exécuter à jour fixe, mais seulement une confuse espérance, la seule qui lui restât dans son malheur. L'instinctive certitude de pouvoir en finir à son heure, fit descendre en elle un peu de calme et de silence. Son désespoir s'assoupit; ses larmes coulèrent avec moins d'amertume. Bientôt elle s'habitua à regarder la mer comme une amie qui lui ouvrait son sein; elle se familiarisa avec les tentations que lui offraient les flots ; elle n'opposa plus, aux agaceries de la lame, que les répugnances de l'amante qui lutte encore dans sa faiblesse et ne cède qu'en résistant. Elle pensait sérieusement que son âme se souviendrait de sa douleur, et se plaindrait éternellement sur ces bords. Elle se disait aussi que sa mort la ferait vivre dans le cœur de George, et que le cruel la pleurerait peut-être.

Dès qu'elle eut compris que chaque jour qui se levait, pouvait ne pas s'achever pour elle, madame de Belnave s'occupa de ses dernières dispositions. Avant de quitter Paris, elle avait écrit à sa sœur qu'elle partait pour un long voyage ; pour un long voyage en effet ! Près de l'accomplir, elle voulut renouveler ses adieux à Noëmi : cette fois, les adieux éternels ! Elle écrivit aussi à son mari : M. Valtone ne fut pas oublié. Elle assurait le sort de Mariette et faisait don de toute sa fortune à

M. de Belnave. On imaginera sans peine ce que durent être toutes ces épîtres. Il est juste de dire que son cœur ne s'y répandit pas en de lâches regrets. Elle acceptait intrépidement jusqu'au bout son orageuse destinée. L'expérience qu'elle venait de faire ne l'avait pas ramenée au sentiment des félicités domestiques. Les tortures du martyre ne lui avaient pas arraché l'abjuration de ses croyances. Elle mourait dans la religion de l'amour, sans l'outrager ni le maudire, convaincue qu'en dehors il n'est point de bonheur ici-bas, heureuse d'en mourir, après avoir vainement essayé d'en vivre. Elle s'était trompée d'âme : mais son erreur, c'était George, et non l'amour.

Elle écrivit à Bussy et lui pardonna tout le mal qu'elle avait souffert : puis sa pensée se porta vers Henry. Depuis son départ de Paris, elle songeait à lui pour la première fois, l'ingrate ! Comme autrefois dans sa joie, elle s'était enfermée dans sa douleur : elle y avait vécu pour elle seule. Elle s'accusa de l'avoir si long-temps négligé dans son cœur. Sans qu'elle cherchât à s'expliquer pourquoi, l'image de cet enfant lui revint, environnée de charmes qu'elle n'avait jamais soupçonnés jusqu'alors. Long-temps elle rêva au souvenir de cette blonde tête, qu'elle avait si souvent pressée sur son sein, aux heures de désespoir. Peut-être, en retrouvant dans sa mémoire ce qu'il avait été pour elle, devina-t-elle confusément ce qui s'était passé en lui? peut-être se demanda-t-elle avec inquiétude, dans quelle âme irait s'épanouir cette fleur, qu'à son insu elle avait fait germer sous ses larmes? Je ne sais : mais sa sollicitude s'alarma pour tant de jeunesse et d'inexpérience. Elle lui écrivit une longue lettre pleine de sages avertissemens, et telle qu'avant d'expirer, la mère d'Henry aurait pu l'écrire elle-même; seulement, le nom de George y revenait sans cess, et si George n'eût pas dû la lire, la lettre aurait été moins longue.

Tous ces écrits ne devaient arriver à leu adresse, qu'après le départ de Marianna pour un monde meilleur. D'ailleurs, elle n'avait confié qu'à Bussy la fin qu'elle méditait. Pour les autres, sa mort serait un accident; pour lui seul, un fait volontaire. A défaut de regrets, elle voulait lui laisser un remords.

Ces devoirs accomplis, madame de Belnave s'abandonna au courant de sa destinée. Elle était calme : ses jours passaient en promenades solitaires. Mariette qui la voyait paisible et résignée, ne la suivait plus, comme aux premiers jours. Elle sortait le matin et ne rentrait guère qu'à la nuit tombante. Dans le pays, on s'était habitué à la voir. Les habitans disaient que c'était une âme en peine : leur curiosité n'allait pas au-delà. Elle n'eut jamais à se plaindre de l'importunité d'aucun d'eux. Les enfans eux-mêmes se détournaient de son sentier. On montre à Sainte-Marie le rocher sur lequel elle passait, chaque jour, de longues heures, l'œil immobile, fixé sur l'horizon, comme s'il eût épié le retour de quelque voile désirée. On raconte encore, à la veillée, qu'on la voyait, aux marées basses, s'aventurer sur les récifs que la mer, en se retirant, laisse à découvert, et que plus d'une fois le garde-côte, craignant qu'elle ne se laissât surprendre par la marée montante, la rappela de ses cris sur le rivage. Elle se plaisait, en effet, à ces excursions périlleuses. Quand l'Océan quittait ses bords, elle aimait à poursuivre le flot qui s'enfuyait, et à le voir revenir sur elle. Alors, elle fuyait à son tour, mais c'étaient toujours la même fascination et le même vertige. Elle fuyait, mais pas à pas, d'un pied qui ne cède qu'à regret et voudrait se laisser atteindre. Il est vrai que plus d'une fois, les cris du garde-côte l'arrachèrent aux étreintes de la vague près de la dévorer : mais une sollicitude plus assidue veillait sur elle et la protégeait.

Huit jours à peine avaient passé, depuis l'apparition de madame de Belnave à Sainte-Marie, et la nouvelle ne s'en était pas encore répandue dans le pays, lorsque, par un soir de tourmente, un voyageur descendit à Pornic, à l'auberge du Cygne-Blanc. Son manteau était transpercé par l'orage, les bords de son chapeau, rabattus par la pluie, lui cachaient à demi le visage; le cheval qui l'avait amené fumait à la porte, le col tendu, la tête basse, souillé de boue jusqu'au poitrail. L'auberge du Cygne-Blanc est le rendez-vous habituel des matelots du port. Ils s'y réunissent, le soir, pour fumer et boire du grog. Le voyageur jeta négligemment sur une table son manteau et son chapeau ruisselans, puis il tomba, harassé de fatigue, sur une chaise, au coin de l'âtre. Son air jeune et souffrant attira d'abord les regards; mais ce soir-là, les gens du port avaient des sujets de préoccupation autrement graves, et, après avoir offert à l'étranger une pipe et un verre qu'il refusa également, ils l'oublièrent pour reprendre la conversation que son arrivée avait interrompue.

Il ne s'agissait de rien moins que de la chaloupe du capitaine Martin, partie la veille pour Noirmoutiers, avec promesse d'en repartir le lendemain, et de rentrer le jour même à Pornic. Quand la mer est belle et le vent favorable, c'est un trajet de quelques heures. Mais la mer, assez calme au matin, était devenue tout-à-coup furieuse, et on craignait que la chaloupe, surprise par le grain, n'eût été jetée sur la côte. Une vive anxiété se peignait sur toutes les figures; des paroles sinistres circulaient : on se rappelait que, l'année précédente, à pareille époque, un chasse-marée, parti de l'Ile-Dieu, s'était brisé sur les falaises. L'entrée triomphante du capitaine Martin, qui parut tout-à-coup escorté de ses deux mousses, changea cette inquiétude en une joie bruyante. Surpris, en effet, par la tempête, le frêle esquif, près de sombrer, s'était vu poussé dans l'anse de Sainte-Marie, où la vague, sans plus de dommage, l'avait couché sur un lit de sable. Le fait tenait du miracle, et fut célébré comme tel; les marins se découvrirent, et l'eau-de-vie coula à pleins bords en l'honneur de Notre-Dame-de-Bon-Secours.

Le voyageur seul ne prenait point part à la commune joie. Silencieux et sombre, le front appuyé sur la main, il répondait à peine aux questions que lui adressait moins la curiosité que la sollicitude : car il semblait délicat comme une jeune fille ; sa taille mince se courbait sous un air de souffrance, comme un arbuste sous le vent, et la finesse de ses traits et la blancheur de son visage que voilaient, sans le cacher, des cheveux blonds encore tout humides, contrastaient singulièrement avec la rudesse des habitués du Cygne-Blanc. Pour la première fois, l'auberge de Pornic justifiait son enseigne : on eût dit en effet un cygne blessé, souffrant en silence, le col reployé sous son aile.

Il n'avait pas changé d'attitude, quand soudain, à quelques mots qui le frappèrent comme une commotion électrique, il releva brusquement la tête, et, rejetant ses cheveux en arrière, il attacha un œil brillant sur le capitaine Martin qui se faisait en cet instant l'Homère de son Odyssée, et à mesure que celui-ci parlait la pâleur de l'étranger se colorait, son front s'illuminait, son regard rayonnait d'un azur plus chaud et plus vif.

Le capitaine racontait, en prose médiocrement homérique, qu'il avait vu, durant la tempête, une femme de mise élégante courir échevelée sur la côte, descendre sur la grève, tremper ses pieds dans l'écume, puis aller s'asseoir sur un rocher battu des flots, et s'y tenir malgré la pluie et la tourmente. Quelle était cette femme? Un colporteur de livres pieux et de Noëls assura l'avoir rencontrée la veille, s'avançant imprudemment sur les récifs; il ajouta qu'il l'avait avertie, par ses cris, de se garer de la marée montante. Il prétendait, de plus, qu'elle habitait Sainte-Marie, et que le douanier garde-côte, qu'il avait questionné sur elle, avait répondu que c'était une pauvre folle.

Le colporteur ajoutait encore, qu'en revenant de Sainte-Marie, il s'était trouvé face à face avec elle, et que, folle ou non, elle était grande dame, et dame jeune et belle.

— Folle d'amour! dit, en branlant la tête, une jeune fille qui, depuis une heure, tenait sur l'étranger ses deux grands yeux noirs immobiles.

— Qu'est-ce que cela, Sainte-Marie? demanda celui-ci d'une voix ardente.

— Sainte-Marie, mon gentilhomme? répondit un des matelots; c'est un village sur la côte : vous pourriez en voir d'ici le clocher pointu comme une aiguille, qui semble vouloir percer le ciel.

— A quelle distance?

— Vingt minutes par terre, dix par les brisans, à la marée basse; cinq par mer, bon vent et marée haute : voilà!

— C'est bien! dit le voyageur.

Il se leva, prit son manteau et se fit donner une chambre.

Le lendemain, à la pointe du jour, il sortit et suivit le sentier qui mène à Sainte-Marie. De retour à la ville, il s'occupa de chercher un logement dans une maison particulière. Il n'est guère de maison à Pornic qui n'ait quelque coin en réserve pour la saison des bains; c'est là le revenu le plus clair de l'endroit, car, en été, les baigneurs s'y disputent un grenier au prix de Baden. En hiver c'est autre chose, et l'étranger n'eut qu'à choisir. Il trouva ce qu'il cherchait au château même de la ville; le propriétaire lui offrit, dans la tourelle inhabitée, une chambre qu'il accepta. Quel était ce voyageur? on ne le sut jamais au pays. On s'y entretient encore de son humeur sauvage et de ses façons étranges. Durant son séjour, il vécut solitaire, inaccessible à toutes relations. Vainement les habitans du lieu tentèrent de l'attirer; il ne répondit à leurs prévenances que par une froide réserve. Chaque matin, au crépuscule, il sortait, enveloppé de son manteau, ne rentrait qu'aux heures des repas, et, chaque repas pris à la hâte, il s'éloignait de nouveau jusqu'au soir, encore ne revenait-il au gîte que fort avant dans la nuit. On eut bientôt remarqué que ses promenades suivaient toujours le même chemin, et on pensait généralement que l'étranger de Pornic et l'étrangère de Sainte-Marie étaient deux âmes en peine, et que, pour sûr, l'une d'elles était en peine de l'autre.

On touchait aux derniers jours d'hiver. Un matin, à son réveil, madame de Belnave sentit courir autour d'elle les tièdes brises du printemps. L'alouette chantait dans les sillons; l'air était doux et parfumé. A voir la marge du sentier, on eût dit que, pendant la nuit, il avait neigé des fleurs. Marianna passa toute la journée dans sa chambre. Jamais l'existence n'avait pesé sur elle d'un poids plus terrible ni plus lourd; jamais son désespoir n'avait pris un caractère plus âpre ni plus farouche. Durant tout le jour, elle insulta à grands cris à sa destinée; elle se roula sur son lit qu'elle baigna de ses pleurs et qu'elle mordit avec rage. Vingt fois elle blasphéma le nom de George : vingt fois elle appela la mort. Mais la douleur ne tue point : elle est si bien faite, au contraire, pour le cœur de l'homme, qu'elle semble le ranimer et lui prêter une vie nouvelle.

Le soir la trouva plus calme; mais ce n'était que la lassitude qui succédait à de si rudes assauts. Après un assoupissement de quelques heures, elle se réveilla triste, découragée, et s'indignant de voir qu'on pût survivre à tant de déchiremens. Elle ouvrit sa fenêtre; la lune se levait, et l'Océan montait vers sa mystérieuse amante. Marianna sortit et alla s'asseoir, bien avant en mer, sur un rocher, couvert de varech, qui semblait taillé tout exprès pour la recevoir.

La nuit était radieuse; sur la terre, tout était silence, tout était mélodie sur les flots. La lune mettait une aigrette d'argent à la cîme de chaque lame; les étoiles se miraient dans les flaques d'eau que la marée, en se retirant, avait laissées dans les inégalités des récifs. Jamais madame de Belnave ne s'était sentie plus détachée des choses d'ici-bas; jamais elle n'avait tendu d'un effort plus ardent vers le monde d'oubli.

La contemplation de la mer exerçait sur elle de merveilleuses influences. Au bout d'une heure, les orages de son cœur s'étaient apaisés; bientôt, ce ne fut plus dans son âme qu'un murmure confus, pareil au bruit lointain qui la berçait.

Elle demeura long-temps ainsi. Mariette ne l'avait pas vue sortir, et la croyait retirée dans sa chambre. Tout reposait au village; madame de Belnave veillait seule. Elle était toujours à la même place, lorsque le bruit lointain se rapprocha. La lune descendait toute rouge à l'horizon : l'orient blanchissait; l'aube naissante traçait de lumineux sillons sur la couche huileuse des flots. Les flots montaient, et madame de Belnave les entendait piaffer au loin et envahir successivement leur domaine. Elle les écoutait sans effroi. Bientôt elle put les voir se dérouler en larges nappes, et s'allonger, souples et gracieux comme un serpent, pour l'enlacer.

Et jamais les vagues n'avaient dit leur refrain d'une voix plus charmante.

Elle était toujours dans la même attitude, sans souffle, sans mouvement, semblable à l'oiseau fasciné par le regard de la vipère. Le soleil se levait, les goëlands volaient autour d'elle, et les flots montaient toujours.

Madame de Belnave crut voir les cieux s'entr'ouvrir pour la recevoir. Elle crut entendre d'autres concerts se mêler aux chants des syrènes.

— Viens, disaient des voix qui descendaient du ciel; nous avons été des âmes désolées comme toi; comme toi, nous avons aimé, nous avons pleuré, nous avons bien souffert; mais la mort nous a délivrées, et nous avons trouvé l'amour, vainement cherché sur la terre. Viens! ici le bonheur est sans fin et la jeunesse est éternelle. Viens aimer avec tes sœurs.

Les flots montaient, montaient. Déjà leurs lèvres humides venaient baiser les pieds de Marianna. Déjà la vague, déferlant sur elle, enflait les plis de son manteau. Il y eut un instant où l'une d'elles, heurtée par la lame qui s'en retournait, la ramena violemment sur la grève, et sauta, comme une hyène, sur madame de Belnave, qu'elle enveloppa tout entière. Elle poussa un cri, et, l'instinct de la conservation s'éveillant, elle essaya de se débattre sous ces terribles caresses; mais les lames piétinaient sur son corps, et soulevaient son pâle visage, pareil à ces belles fleurs que nos rivières étalent sur leurs eaux. C'en était fait de Marianna, quand, tout-à-coup, deux bras vigoureux la soulevèrent et la déposèrent évanouie sur le rivage.

Au bout de quelques instans, un souvenir confus de ce qui s'était passé lui traversa l'esprit : elle sentit ses vêtemens mouillés, elle appuya ses mains sur son front comme pour y fixer ses pensées; puis, regardant autour d'elle, elle aperçut Henry qui la contemplait.

II

Le soir du même jour, tous deux se promenaient sur la côte. Madame de Belnave marchait appuyée sur le bras du jeune homme.

— Ainsi, disait-elle, vous m'avez suivie dans mon triste pèlerinage. Ange invisible de ma destinée, vous étiez là, près de moi, respectant ma solitude, et veillant sur elle à toute heure! Mais qui vous a révélé le lieu de mon exil? comment avez-vous trouvé la trace de mes pas? dites aussi comment, sur ces grèves désertes, dans ce pauvre hameau, vous avez pu tromper mon regard et me cacher votre présence.

— Trouver vos traces me fut bien facile, et plus facile encore de me dérober à vos yeux, ajouta-t-il avec un triste sourire, car vous ne me cherchiez pas.

— Vous étiez là, près de moi, chaque jour, à toute heure! répétait madame de Belnave avec un doux étonnement.

— Aviez-vous donc pensé, répondit Henry d'un ton de reproche affectueux, que je vous laisserais partir seule, livrée aux conseils de votre désespoir? avez-vous oublié les jours où vous me mêliez fraternellement à tous vos rêves d'avenir? L'avenir était riant alors, et vous me faisiez une place dans votre bonheur. Convive des jours heureux, n'ai-je pas droit à ma part de vos infortunes? Oui, je vous ai suivie; oui, j'étais là, près de vous sans cesse, car j'avais bien compris, cruelle, que vous méditiez quelque funeste dessein.

— Cher enfant! mais pourquoi m'avoir laissé ignorer qu'une affection si tendre veillait auprès de moi?

— Quand vous avez quitté Paris, vous n'espériez pas me retrouver sur les côtes de la Bretagne?

— Je n'espérais rien que la mort; et quelque douce à mon cœur que soit votre présence, si vous m'eussiez consultée, Henry, je n'aurais pas accepté l'offre de votre dévoûment.

— Rassurez-vous, répondit le jeune homme; jusqu'à ce jour, je n'ai pas été pour vous un compagnon bien importun : il en sera toujours ainsi. Vous ne me verrez pas, seulement vous saurez que je suis près de vous; et quand la solitude vous sera trop amère, vous m'appellerez, je viendrai. Dites, ne le voulez-vous pas? ne suis-je plus votre ami, votre frère? N'est-ce pas ainsi que vous m'appelliez, autrefois?

— Toujours, ah! toujours ainsi! s'écria madame de Belnave d'une voix émue, en pressant le bras d'Henry contre son sein.

— N'avez-vous pas des heures où l'isolement vous accable? des heures de tristesse et d'ennui, où votre cœur voudrait s'épancher? Ne vous serait-il pas doux parfois de pouvoir parler des bons et des mauvais jours? n'est-il pas des souvenirs qui vous oppressent? un nom que vous aimeriez à dire et à entendre? ce nom cher et maudit, nous le dirons ensemble. Je serai l'écho de vos douleurs.

— Vous m'auriez bien aimée, vous! dit

Marianna avec mélancolie. Oui, cher enfant, oui, ajouta-t-elle, j'ai des heures où la solitude pèse sur moi, comme un manteau de plomb; des heures horribles où je crie mon désespoir aux nuages, aux vagues, aux rochers du rivage; des heures où ma pauvre tête s'égare, où je crains, où je sens, où je vois la folie! Oui, vous me seriez doux alors et bienfaisant! Mais partez, Henry, je le veux, il le faut! Ce que vous avez fait pour moi vous sera compté dans le ciel; mais j'aurais honte et remords à prolonger un si généreux sacrifice. Partez, et que ma destinée s'achève.

— Je ne vous ai rien sacrifié.

— Vos travaux, vos plaisirs.

—Mes travaux, je suis jeune; mes plaisirs, je ne les connais pas.

—Et que puis-je donner en échange d'une amitié si noble et si dévouée? pas même l'espoir de me laisser consoler par elle.

— Je ne demande que le droit de vous aider à souffrir.

— Ah! n'êtes-vous pas rassasié de mes larmes!

— Non, dit Henry, pleurez.
La malheureuse pleurait en effet.

— Pourquoi m'avez-vous sauvée! s'écriat-elle en quittant le bras qui la soutenait; pourquoi m'avez vous arrachée à la mort? sans vous, sans votre cruelle pitié, je reposerais à cette heure. Que voulez-vous que je fasse ici-bas? je n'attends plus rien de la vie: que ne me laissiez-vous mourir!

— J'ai vu George avant mon départ, dit le jeune homme d'un air distrait.

— Vous l'avez vu! dit Marianna en reprenant avec empressement le bras qu'elle avait repoussé. Eh bien! Henry, que se passait-il en lui? ne souffrait-il pas un peu de mon absence? ne lui manquais-je pas un peu? Car enfin, j'étais bien quelque chose dans son existence! Où trouvera-t-il une affection comme la mienne? Ah! dites, n'avait-il pas quelque pitié de sa victime? quelque souci de ce lugubre voyage, que j'accomplissais seule, et la mort dans le sein? Ne vous a-t-il pas confié pour moi quelques regrets, quelques paroles de tendresse? N'est-ce pas lui qui vous envoie? Dites? ah! dites, Henry! sait-il du moins comment je l'aimais? sait-il bien qu'il aura été mon premier, mon dernier amour? ne se plaint-il jamais de moi? lui aurai-je laissé quelques chers souvenirs?

Ils avaient, en causant, suivi le sentier qui conduit à Pornic. Ils se trouvèrent, sans y songer, devant la tour, qui veille, comme une sentinelle, sur la plage, au pied de la ville. C'est une tour crénelée, s'évasant, par une courbe gracieuse, du sommet à la base, et laissant pendre de ses flancs des touffes de pariétaire. C'était là, dans la partie la plus élevée, que le jeune homme avait loué une chambre, qu'il disputait aux chouettes et aux orfraies. Cette chambre, madame de Belnave eut fantaisie de la visiter. Tout reposait dans la petite cité. Ils passèrent sur le pont-levis et pénétrèrent dans le donjon. La lampe, qui chaque soir attendait Henry, brûlait sur la première marche. Il la prit, et, à la lueur vacillante de la mèche qui crépitait dans l'humidité, tous deux gravirent l'escalier de pierre. L'appartement d'Henry était plus que modeste : une couchette, d'un aspect dur et froid, une table boiteuse et deux chaises en composaient tout l'ameublement; quelques livres apportés de Paris, de l'encre, du papier et des plumes, étaient dispersés sur la table.

— Eh quoi! dit Marianna en promenant un triste regard autour des murs nus et glacés, est-ce donc là que vous avez passé de longues nuits d'hiver? Tant d'amité me décourage : Henry, vous humiliez l'amour.

— Ne me plaignez pas, répondit le jeune homme, et dites si le palais d'un roi a jamais enfermé plus de luxe et de magnificence.

A ces mots, il ouvrit la fenêtre, et tous deux, appuyés sur la barre de fer, contemplèrent le plus beau spectacle qui puisse s'offrir au regard de l'homme. La lune dormait sur un banc de nuages; on n'entendait que le bruit des vagues qui s'enlaçaient avec amour; et, comme un phare perdu dans l'immensité, la tour dominait une mer sans rivages.

III.

Madame de Belnave insista sérieusement pour qu'Henry retournât à Paris. Mais elle s'abandonnait, à son insu, au charme de le sentir près d'elle, et le voir chaque jour, à toute heure, devint bientôt une habitude à laquelle elle n'eût pas renoncé sans déchirement. Il faut s'être nourri des larmes de la solitude pour savoir tout ce qu'il y a de doux à pleurer sur des mains amies. Et puis, quelle tendresse se montra jamais plus ingénieuse et plus dévouée que celle de ce jeune homme? quelle âme plus délicate, quel cœur plus désintéressé? Si madame de Belnave accepta follement la présence d'Henry, sans soupçonner que tant d'abnégation pût avoir un autre mobile qu'un sentiment calme et serein, c'est qu'elle était, elle aussi, une nature généreuse, à la hauteur de tous les dévoûmens, et que, pour les comprendre, elle n'avait besoin de recourir qu'aux nobles instincts qui vivaient en elle. Dans la fièvre d'exaltation qui avait consumé sa jeunesse, elle avait rêvé des amitiés chevaleresques, des sacrifices surhumains. Elle s'était promis de s'immoler sur l'autel de toutes ses affections; aux affections les plus paisibles elle avait prêté les

allures turbulentes de la passion. Elle s'était
familiarisée de bonne heure avec l'héroïsme ;
son imagination le lui avait représenté comme
une espèce de menue monnaie d'un cours
facile et journalier. Aussi, loin de s'étonner
de la conduite d'Henry, n'y trouva-t-elle rien
que de simple et de naturel. Elle aurait fait
pour lui ce qu'il faisait pour elle : ils étaient
quittes.

Leur vie fut grave et solennelle comme les
lieux qui la recélèrent. Chaque matin, aux
premiers rayons, Henry sortait de Pornic et
se dirigeait vers Sainte-Marie. Il était bien
rare qu'il ne trouvât pas madame de Belnave
errant déjà sur la côte. Aussitôt qu'il apparaissait au détour du chemin, elle l'appelait
du geste ou de la voix, et tous deux allaien
à pas lents, le long des falaises. On touchait
aux premiers beaux jours : l'or des ajoncs
pâlissait; de petites fleurs blanches et rosst

riaient entre les fentes des rochers; le soleil, à l'heure de midi, chauffait le sable de la grève. Ils allaient, s'entretenant des anciens jours, elle, ne se lassant jamais d'en redire les joies et les tristesses, lui, ne se lassant pas de l'entendre. Il déroulait lui-même, d'une main habile et patiente, le fil qui les guidait tous deux à travers les ruines du passé. Il connaissait, aussi bien qu'elle, les sentiers chers à son désespoir; loin de chercher à l'en détourner, il l'y ramenait sans cesse, l'arrêtant à chaque illusion qu'elle avait ensevelie derrière elle. Il avait de merveilleux secrets pour entretenir dans cette âme désolée la source des épanchemens, pour ouvrir, chaque jour, de nouvelles issues aux souvenirs qui l'oppressaient, perçant, pour ainsi dire, autour d'elle de mystérieux canaux qui les laissaient s'échapper goutte à goutte, comme l'eau d'un réservoir. Il s'abstenait de lui offrir le baume irritant des consolations vulgaires : il ne la consolait pas. Il l'encourageait, au contraire, dans cette sainte croyance qu'il respectait, qu'il partageait peut-être, qu'elle souffrait d'un mal sans remède, et que sa douleur n'aurait pas de fin. Ainsi, tous deux cheminaient lentement, se perdant l'un et l'autre en d'interminables élégies. Il est sur cette côte de petites baies naturelles, formées par les anfractuosités du roc. Ce sont, pour la plupart, des grottes tapissées de plantes marines, où les vagues viennent mourir sur un sable fin et doré. Vers le milieu du jour, quand le soleil brûlait la plage, et que Marianna sentait ses forces épuisées, ils allaient demander à l'un de ces asiles la fraîcheur, l'ombre et le repos. Ils passaient là des heures silencieuses, elle, à contempler d'un air mélancolique le jeu des lames qui chatoyaient sous l'azur du ciel, lui, assis auprès d'elle, triste et rêveur aussi ; mais son regard ne cherchait pas les flots, et ce n'était pas des parfums de la mer qu'il enivrait sa muette rêverie.

Madame de Belnave ne tarda pas à subir de salutaires influences. Elle avait fini par puiser dans l'expansion de ses regrets un charme qui la rattachait insensiblement à l'existence, et lui faisait ajourner indéfiniment l'exécution de ses funestes projets. Elle pressait bien encore le départ d'Henry, mais d'une voix si faible et d'un si faible cœur, que le jeune homme pouvait prolonger son séjour sans craindre de l'exposer au reproche d'importunité. La douleur est si férocement égoïste, elle se croit si bien le centre de toutes choses, elle est si pieusement convaincue que la nature entière se lamente et pleure avec elle, que Marianna ne s'inquiétait guère de savoir si son compagnon n'avait pas un autre rôle à jouer, plus sérieux que celui d'écouter sur les rives de l'Océan les plaintes d'un amour malheureux. Henry était devenu pour elle un besoin réel. Elle aimait à le voir poindre, le matin, sur la côte, ou, quand la marée était basse, accourir, comme un chamois, par les récifs. S'il tardait, elle interrogeait d'un regard inquiet le sentier ou les brisans, et quand la blonde tête apparaissait enfin, sa poitrine, dégagée d'un vague sentiment de terreur, se soulevait libre et légère, et aspirait l'air avec joie. Un jour pourtant, elle avait exigé, dans une heure de réflexion sévère et désintéressée, qu'Henry rentrât dans la vie que lui prescrivaient ses devoirs. Elle avait compris que ce n'était pas là la place de cet enfant, que d'autres soins le réclamaient, que sa destinée, à elle, était accomplie, qu'il avait, lui, la sienne à faire, et que c'était un meurtre enfin d'enchaîner ainsi tout un avenir à un passé irréparable. Henry, de son côté, avait semblé céder aux instances de Marianna, et tous deux s'étaient quittés le soir, en échangeant un long adieu, comme si les jours suivans n'eussent pas dû les réunir.

— Vous partez chargé de mes bénédictions, lui avait-elle dit en le pressant doucement sur son sein; vous êtes un noble cœur. George m'a porté un rude coup, et je doute que je m'en relève; mais, dussé-je en mourir, je sortirai de ce monde sans amertume et sans colère, avec la pensée consolante qu'il enferme des affections sincères, des sentimens vrais et durables. Adieu; que mon souvenir vous soit doux, et que la vie vous soit légère!

Elle l'avait conduit jusqu'au pied de la tour. Ils se séparèrent après s'être embrassés tendrement. Henry devait partir le lendemain matin, par la carriole qui fait chaque jour le service de Pornic à Paimbœuf. Marianna demeura sur la plage à suivre du regard la lampe qui montait lentement d'étage en étage. Au bout de quelques instans, la chambre d'Henry s'illumina, la fenêtre s'ouvrit, et le jeune homme, se penchant sur la barre, put voir un mouchoir blanc qui s'agitait dans l'ombre, ensigne de suprême adieu.

Madame de Belnave avait trop présumé de ses forces et de son courage. Elle s'était fait de la présence d'Henry une trop longue habitude pour pouvoir s'en sevrer impunément. Il lui sembla qu'elle subissait un nouvel abandon. Elle avait cru, jusqu'alors, avoir épuisé la douleur jusqu'à la lie; elle s'étonna de trouver encore tant de fiel au fond du calice. Le lendemain, elle se leva, découragée du sacrifice de la veille. Dans je ne sais quel espoir qu'elle ne s'avoua pas à elle-même, elle se rendit à la côte, et, grimpant sur le roc le plus élevé, elle laissa son âme et ses yeux courir vers la ville qui blanchissait aux feux du matin. Le soleil monta dans le ciel, les pêcheurs couvrirent la plage, les voiles sortirent du port : Henry ne parut pas. Elle alla s'asseoir aux lieux où ils s'étaient assis ensemble; elle parcourut les bords qu'ils avaient parcourus tous deux ; mais ses plaintes n'éveillaient plus d'échos, et ses larmes tombaient sur la grève aride. Elle crut que cette mortelle journée n'aurait pas de fin. Le soir, ayant tourné ses pas vers Pornic, elle s'arrêta devant la tour déserte, où elle avait été l'objet d'une si vive sollicitude; puis, promenant autour d'elle un long et douloureux regard, elle reprit, en soupirant, le chemin de sa solitude. Dans l'amertume de ses pensées, elle accusait Henry; l'injuste ! elle se disait que ses scrupules l'avaient trouvé bien humble et bien docile, et qu'il était parti bien vite, et qu'une amitié véritable ne l'eût pas ainsi délaissée. C'était un noble enfant, sans doute, mais d'enthousiasme et de découragement facile; prompt au sacrifice, mais sans suite dans le dévouement ; une de ces natures qui manquent de souffle, âmes sans profondeur, où les affections ne germent qu'à la superficie, tempéramens de paille chez lesquels l'héroïsme s'éteint aussi rapidement qu'il s'allume. Il était arrivé, séduit par la poésie de son rôle : il avait pris follement un caprice d'imagination pour une exigence de cœur. C'était moins qu'un ami, ce n'était qu'un poète : aux prises avec la réalité, il avait dû succomber à l'œuvre. Ces tristes réflexions avaient ramené madame de Belnave au village. Près de rentrer, sur le pas de sa porte, elle trouva Henry qui l'attendait. Elle craignit d'abord que ce ne fût une illusion, mais le jeune homme s'étant levé, et lui ayant tendu la main, elle la prit, et, par un brusque mouvement de reconnaissance, elle la porta à ses lèvres. Arrivé à Paimbœuf, il n'avait pu se résoudre à poursuivre sa route; il était revenu par la voiture du soir.

— Ah! j'étais sûre que vous ne partirez pas! s'écria-t-elle avec effusion.

— Ecoutez, lui dit-il, et répondez-moi franchement. Est-ce dans mon intérêt ou dans le vôtre que vous avez tenté de m'éloigner? Ma présence vous est-elle fâcheuse? Troublé-je votre solitude? Vous est-il importun de penser que je respire l'air que vous respirez? Peut-être irrité-je vos souvenirs au lieu de les calmer? Dites, sans crainte de m'offenser et s'il en est ainsi, je partirai et ne reviendrai plus

— Henry, dit-elle, ma joie ne vous a-t-elle pas répondu?

— Pourquoi donc, sans pitié pour vous-même, m'avoir si cruellement exilé de votre douleur? Vous me parliez de mes devoirs, mais en est-il de plus sacrés que ceux que l'affection nous impose? Ce n'est pas vous qui consentiriez à fuir le chevet d'un ami mourant. D'ailleurs, ne devinez-vous pas que ma tendresse est égoïste, et que je me creuse pour l'avenir des sources de consolations? Qui sait? mon tour viendra peut-être. Laissez-moi donc vous aider à vivre. Vous n'êtes pas de ces cœurs que la reconnaissance embarrasse; je vous prête aujourd'hui, vous me rendrez plus tard.

— Henry! Henry! s'écriait-elle en lui pressant de nouveau les mains; et elle les arrosait en même temps de larmes d'attendrissement.

Dans l'affreux abandon où George l'avait plongée, il lui semblait doux de se sentir aimée de la sorte; et bien qu'elle fût décidée à ne tenter aucune chance de guérison, elle se cramponnait instinctivement à cette tendresse qui devait la sauver. Bientôt, leurs habitudes se mêlèrent et se confondirent. Marianna se plaisait à cette communauté d'existence qui lui rappelait les jours heureux qu'elle avait vécu avec Bussy. Ils prenaient leurs repas ensemble, soit à Sainte-Marie, soit au Porto, soit dans quelque autre hameau qu'ils rencontraient dans leurs excursions sur la côte. Bientôt ces excursions s'étendirent au loin dans le pays. Ils visitèrent la pointe de Saint-Gildas, Noirmoutiers et l'Ile-Dieu. Henry savait intéresser madame de Belnave aux lieux qu'ils parcouraient : il en connaissait l'histoire; au besoin, il l'eût inventée. Il savait aussi jeter en elle des semences d'espoir et de vie.

— Voyez, lui disait-il un soir, tout meurt, mais tout renaît. La mer quitte ses bords et laisse les carènes couchées sur le flanc, dans la vase : encore quelques heures, les vagues viendront couvrir la plage et balancer sur leur sein les navires soulevés. Les plantes arrachées par l'orage vont refleurir sur un sol meilleur. Il est, dans un champ de mon père, un arbre frappé de la foudre; à le voir chargé de feuillage, on dirait que le feu du ciel en a fécondé les rameaux. Voyez, l'hiver à fui : la colline verdoie, la terre s'éveille et chante. Pensez-vous que notre cœur ne soit pas soumis aux mêmes lois que la nature, et que Dieu nous ait traités moins favorablement que le reste de la création? Rappelez-vous ces paroles de l'un de vos poètes les plus chers : « — Bien souvent on croit que c'en est fait des belles années et de leurs dons; on se dépouille, on se couche au cercueil, on se pleure. Puis, on oublie, on s'exhale, on se renouvelle. Deux ou trois années de larmes ne sont qu'une rosée dans la jeunesse; une matinée meilleure essuie tout, une fraîche brise nous répare. Le rayon venu, on renaît; le cœur fleurit et s'étonne lui-même de ces fleurs faciles et de ces gazons qui recouvrent le sépulcre des douleurs d'hier. Chaque printemps qui reparaît est une jeunesse que nous offre la nature, et par laquelle elle revient tenter notre puissance de jouir et notre capacité pour le bonheur. Y trop résister n'est pas sage. »

Elle secouait la tête et ne répondait pas, mais elle ne songeait plus à mourir. La douleur s'use en se racontant. Déjà celle de Marianna était moins acérée, et chaque jour en émoussait la pointe et le tranchant. La saison des bains approchait : Pornic allait être envahi par la foule. Comme deux oiseaux effarouchés, ils prirent leur volée, et allèrent chercher un nid plus silencieux et plus solitaire. Ils l'eussent trouvé bien aisément dans cette contrée, patrie du silence. Mais, à peine installés, Henry imaginait toujours quelque prétexte pour reployer leur tente, et la porter sur d'autres rivages. Ils explorèrent ainsi toute cette partie de la Bretagne, si riche de beaux sites et de grands souvenirs. Les accidens de cette vie errante distrayaient madame de Belnave et l'arrachaient forcément à elle-même. Son déséspoir se fondait dans la mélancolie du paysage qui se déroulait autour d'elle. Il faut dire aussi que son imagination romanesque s'accommodait volontiers de cette aventureuse existence d'artistes et de Bohémiens. Les départs au matin; les haltes sous les grands arbres; les pèlerinages aux châteaux dévastés, les légendes racontées au bord des claires fontaines, ou sur le seuil des monastères en ruines, les arrivées, le soir, à l'hôtellerie; tous ces détails charmaient secrètement Marianna et poétisaient sa souffrance. Et puis,

Henry avait d'inépuisables ressources pour absorber en elle l'activité du cœur, ou pour la détourner. C'était à la fois un caractère triste et rêveur, un esprit ardent et vif. Il résultait de ce contraste une mobilité de sensations, d'idées et de manières qui tenait continuellement madame de Belnave en action, et qui rompait avec bonheur la monotonie de leurs entretiens.

Ce fut par une chaude soirée d'été qu'ils découvrirent un des coins de cette terre de France, que le soleil éclaire avec le plus d'amour. Partis le jour même de Mortagne, ils avaient, au carrefour de Torfou, salué la colonne Vendéenne, et la voiture roulait depuis quelques heures sur la route poudreuse, jetée, comme une écharpe, au travers des blés jaunissans et des steppes de hautes bruyères, lorsque, arrivés au sommet d'une côte, ils s'arrêtèrent pour contempler le magique tableau qui s'offrit à leurs yeux. C'était une vallée encadrée par d'étroits horizons; mais à voir tant d'enchantemens réunis dans un espace si borné, il semblait un jardin où la nature aurait étalé tous les échantillons de sa magnificence, afin qu'on pût l'embrasser d'un seul regard, et, pour ainsi dire, la toucher de la main. Dans le creux du vallon, où descendaient déjà l'ombre et le silence, une rivière, unie comme un miroir, réfléchissait dans ses eaux de cristal le luxe de ses rivages. Les chênes se penchaient sur ces ondes; les saules y baignaient leurs cheveux azurés. Barré de distance en distance par les écluses qui donnaient le mouvement et la vie à d'élégantes fabriques, le courant se brisait en cascatelles écumantes, pour reprendre presque aussitôt son aspect de lac endormi. Sur la rive gauche, au bas de la ville qui s'échelonnait coquettement sur le versant de la montagne, et mirait sa toiture italienne dans le fleuve qui lui mouillait les pieds, un château féodal, pareil lui-même à une ville fortifiée, s'élevait dans sa masse imposante, et racontait les siècles écoulés, tandis que, çà et là, des ruines plus récentes disaient les malheurs de notre âge. C'était un des rares débris qu'a respectés jusqu'à ce jour le monstre aux cent bras qui s'appelle industrie. Mutilé par la guerre, et rongé par le temps, la nature l'avait conservé sous un ciment de fleurs et de verdure. Le lierre grimpait aux murs et en soutenait les assises; les giroflées et la clématite tombaient en touffes odorantes le long des flancs crevassés; les campanules agitaient entre les lézardes leurs clochettes roses et bleues, et, comme le panache d'un casque de géant, au front de chaque tour s'épanouissait un bouquet d'ormes. Les créneaux étaient encore embrasés des feux du couchant; et cependant, sur l'autre bord, le croissant effilé de la lune, sortant d'un massif de coudriers, brochait de lames d'argent la couche frissonnante de l'onde, et blanchissait, sur la colline, des sentiers, tout pleins d'amour et de mystère, qui couraient entre les rochers, et se perdaient furtivement sous le feuillage. Les deux voyageurs restèrent long-temps absorbés dans une contemplation muette. On entendait le bruit des écluses, le bourdonnement des insectes ailés, les cris des martinets qui traçaient autour des bastions des cercles fantastiques, et le son voilé d'un cor qui se plaignait sous les arceaux brisés.

Marianna se laissa prendre au charme de ces lieux. Les ruines, les pins, les cyprès, les mélèzes qui se mêlent au luxe éblouissant de cette splendide nature, y projettent des teintes sombres qui en adoucissent l'éclat et en permettent la contemplation aux yeux fatigués de larmes. Eden enchanté, que protége un nom cher aux arts, nul n'a pu le voir sans l'aimer. Les âmes lassées s'y reposent : telle n'y chercha que l'oubli, qui sut y trouver l'espérance. Les esprits les plus avides du bruit et des fêtes du monde s'y surprennent à rêver de longs jours de félicité. Les rêves de bonheur y sont plus doux que le bonheur sous d'autres cieux. Heureux donc ceux-là qui, libres de tout soin, au retour de la verte saison, peuvent, le long de ces sentiers, au bord de ces eaux murmurantes, aller poursuivre leur chimère : heureux trois fois si, la voyant un jour — dût ce jour être sans lendemain — ployer ses ailes et s'abattre sous ces frais ombrages, il leur est donné de la saisir, plus belle que leurs plus belles illusions, et d'emporter de ces rives bénies des souvenirs embaumés comme elle!

Ce fut une nouvelle vie, moins austère que celle qu'ils avaient promenée sur les dunes de l'Océan. Leurs habitudes n'avaient pas changé, mais le nom de George ne se mêlait plus à tous leurs discours, et madame de Belnave ouvrait involontairement son âme aux brises amollissantes. Le voisinage de la mer avait déroulé à sa douleur les champs de l'infini : resserrée cette fois par de rians horizons, cette douleur prit de jour en jour des proportions moins gigantesques et un caractère moins sauvage. Encore tout imprégnée des senteurs de la grève, elle se parfuma de la verdure des bois et des fleurs du vallon.

Ce petit pays est, aux beaux jours, visité par tous les sots qui fleurissent à dix lieues à la ronde. Les archives de la Garenne font foi que l'esprit, s'il court les rues, ne court guère les grands chemins. Henry et Marianna cherchèrent les sentiers déserts; le parc, où se presse la foule, ne les vit jamais qu'au matin, quand les merles saluaient le jour et que les écureuils sautaient gaîment de branche en branche. Mais il est sur l'autre colline, plus inculte et plus pittoresque, des asiles charmans qui, n'étant pas enclos de murs, sont dédaignés, par cela même, de la tourbe des visiteurs. C'est là qu'ils allaient s'asseoir, loin du monde, à l'ombre des frênes, et qu'ils aimaient à reprendre leurs chers entretiens, souvent interrompus par la lecture des poëtes. Madame de Belnave se plaisait à ces lectures que lui faisait Henry. C'étaient presque toujours les chants plaintifs de l'amour délaissé, cette éternelle histoire de l'amour des poëtes : Marianna, en les écoutant, éprouvait un secret sentiment d'orgueil, comme si tous ces nobles génies se fussent inspirés de sa souffrance. Henry savait aussi la captiver aux récits du passé. Ils foulaient une terre de glorieuse mémoire; il disait les faits qui l'ont illustrée, les luttes anciennes, les désastres des guerres récentes, et, devant ces hautes infortunes, madame de Belnave courbait le front et s'humiliait. Ils aimaient, durant les nuits sereines, à errer, comme deux ombres, au travers des ruines féodales, ranimant les cendres éteintes, et relevant par la pensée chaque pierre de l'édifice. Immobile sur la plate-forme, la sentinelle veillait, appuyée sur sa hallebarde ; les gens-d'armes se pressaient dans la cour ; les destriers piaffaient à la porte mauresque ; la dame suzeraine, le faucon sur le poing, passait, escortée de ses pages. Marianna s'oubliait à ces jeux d'imagination poétique.

Il était bien vrai qu'elle se rattachait chaque jour à la vie par quelque invisible lien. Suspendue au bras d'Henry, elle se surprenait parfois marchant d'un pas léger, d'un cœur presque joyeux, ou bien, couchée sur le coteau, elle s'enivrait des parfums et des harmonies du paysage. On eût dit alors que son âme réfléchissait, comme un lac limpide, la nature qu'elle contemplait. Partout, autour d'elle, la vie fleurissait sur la mort; les saules mêlaient leur tendre verdure aux noirs rameaux des cyprès; l'hirondelle gazouillait sous les arceaux ruinés, le violier pendait aux murailles. Ainsi, dans cette âme brisée, la jeunesse triomphait du néant; le sourire se mariait aux pleurs, l'espérance aux regrets, et de nouveaux gazons germaient sur la tombe des illusions.

Toutefois, elle avait encore des heures où elle sentait retomber sur elle le poids écrasant de sa destinée, où ses plaies se rouvraient et saignaient toutes vives. Dans ces recrudescences de désespoir, Marianna blasphémait la tendresse qui l'avait sauvée; elle s'accusait elle-même de faiblesse et de lâcheté, et, repoussant Henry avec colère, elle s'échappait pour aller pleurer à l'écart. Pareille à une biche blessée

qui traîne à son flanc le trait mortel, elle allait
par les sentiers qui côtoient la Sèvre, folle,
égarée, déchirant ses pieds aux cailloux, son
visage aux ronces des buissons; puis, épuisée
et n'en pouvant plus, elle finissait par tomber,
inanimée au revers du chemin. Mais l'indulgente nature veillait sur elle et lui venait en
aide. Les arbres l'enveloppaient d'ombre et
de fraîcheur : les menthes embaumaient sa
couche, les brises caressaient son sommeil,
et, pour la regarder, les liserons de neige se
penchaient sur les haies. Ainsi, la paix et le
silence filtraient goutte à goutte en son âme.
A son réveil, elle souriait aux bienfaits de la
création : le souvenir d'Henry lui revenait,
plus suave que l'air qu'elle respirait, plus
parfumé que les plantes de la rive, plus virginal que les fleurs qui la regardaient, et,
s'accusant d'injustice et d'ingratitude, elle
allait chercher sa grâce dans le cœur qu'elle

avait repoussé. Henry se prêtait avec douceur à tous les caprices de cette humeur tendre et farouche; mais qui pourra dire jamais ce qui se passa dans ce jeune homme durant ce temps d'apparente résignation!

Aussi imprudente dans l'effusion de ses regrets qu'autrefois dans l'expansion de son bonheur, Marianna ne soupçonnait rien et ne songeait jamais à s'enquérir si le lac, qu'elle voyait calme et limpide à la surface, ne dormait pas sur un lit tourmenté. Elle n'avait pas encore imaginé qu'il pût y avoir sous le ciel une autre douleur que la sienne, et celui qui serait venu lui dire qu'il était une créature souffrant d'une blessure pour le moins aussi cuisante que le mal qui la consumait, n'eût éveillé peut-être en elle qu'un mouvement d'incrédulité. Elle aimait Henry cependant : elle l'aimait, à l'insu d'elle-même, d'une affection plus vive que celle qu'entraîne la reconnaissance.

CHAPITRE III.

Elle aimait en lui les qualités qu'elle ne retrouvait déjà plus en elle, les grâces de la jeunesse, le naïf enthousiasme des esprits inexpérimentés, la poésie des sentimens que n'a pas encore déflorés l'existence. Il la reportait au jour de son printemps, à ces jours si rapidement envolés, où elle s'épanouissait, elle aussi, aux promesses de l'avenir. En l'écoutant, elle se demandait avec irritation pourquoi le ciel ne lui avait pas envoyé, au lieu de l'âme épuisée de Bussy, cette âme neuve et fraternelle; et parfois alors tout prenait une voix pour lui dire, avec le poète, que ces jours n'étaient pas envolés sans retour, et qu'il est en nous des gerbes d'amour toujours prêtes à s'ouvrir au premier souffle caressant. Il y avait des instans où des flots de tendresse affluaient subitement à ses lèvres sans pouvoir s'échapper; d'autres où ses joues se mouillaient de larmes qui jaillissaient de sources ignorées, mais non plus de sources amères. Il y avait des soirées enivrantes où, s'abandonnant mollement au bras qui la soutenait, elle allait, rêveuse et troublée, s'oubliant en de longs silences. D'autres fois son affection pour Henry prenait un caractère ardent et passionné. Et que de fois aussi, dans la tristesse de ses pensées, comparant ce qu'avait été George et ce qu'était Henry pour elle, elle se demanda, avec une préoccupation secrète, quels feux n'allumerait pas l'amour dans un cœur où l'amitié brûlait d'une si belle flamme! Comment se serait-elle défiée du charme qui se formait tout à l'entour de cet enfant? Elle croyait ne chercher en lui qu'un souvenir vivant d'un passé toujours adoré. Ainsi qu'il arrive dans toute intimité, George et Henry s'étaient fortement imprégnés l'un de l'autre : Henry surtout, cire plus malléable, avait reçu l'empreinte de Bussy. Madame de Belnave pouvait donc, sans faillir à la religion des regrets, obéir aux séductions qui l'attiraient vers ce jeune homme. Il lui rendait les gestes, les attitudes les inflexions de voix et jusqu'aux expressions que George affectionnait : c'était George traduit en une jeune et gracieuse image, et quand ils allaient tous deux, par les nuits étoilées, à travers les prés qu'inondaient les clartés célestes, si, près de lui, elle sentait remuer dans son sein de vages désirs, s'allumer d'inquiètes ardeurs, elle s'y livrait sans méfiance, prenant les premières lueurs de cette aube nouvelle pour les derniers reflets du soleil évanoui.

C'était par ces pentes insensibles que madame de Belnave descendait à pas lents le calvaire de sa douleur. Cependant, le jour n'était pas éloigné où elle devait s'avancer d'un pied plus rapide et plus sûr dans la voie de sa délivrance. Ce jour arriva : ce fut celui où l'orgueil, se dégageant, dans son sein, de l'amour qui l'avait opprimé, s'agita et tendit à remonter à la surface. Le véritable amour est humble, patient, résigné, et ne craint pas de s'abaisser ; il s'exalte dans son abjection et se glorifie dans sa honte; dans l'âme qu'il possède, il domine l'orgueil et le tient, sous lui, terrassé. Le véritable amour est à lui-même toute sa gloire ; il survit à l'abandon, n'accuse que lui seul, et bénit long-temps la main qui l'a frappé. Mais tout abattu qu'il est, l'orgueil veille en silence : aussitôt que l'amour découragé chancelle, — car, reflet de l'amour divin, ce n'est qu'en Dieu qu'il peut trouver un aliment sans cesse renaissant, et brûler d'une ardeur éternelle : égaré sur le front de la créature, il vient une heure où le rayon pâlit — l'orgueil humain dresse la tête. Long-temps encore, entre ces deux élémens, destinés tour à tour à s'absorber l'un l'autre, subsiste une lutte secrète; mais pareil à la force élastique, qui se relève avec d'autant plus d'énergie qu'elle a été plus énergiquement comprimée, l'orgueil triomphe, et lorsqu'enfin il a pu regagner le faîte, et que, tout saignant, tout meurtri, il mesure l'abîme où l'amour l'avait précipité, il pousse un cri terrible, et dès-lors les rôles sont changés. C'est là, du moins, ce qui arriva dans le cœur de madame de Belnave. Il vint un jour où sa fierté outragée se plaignit, où sa mémoire se fit moins indulgente, où son mal lui devint moins cher et moins précieux. Elle entrevit le degré d'abaissement où George l'avait plongée, et tout son sang se révolta à la pensée des humiliations qu'elle avait dévorées. Elle négligea les doux souvenirs, et s'acharna aux souvenirs amers. Les images caressantes s'évanouirent devant le cortége des vanités blessées. En repassant dans son esprit ce qu'elle avait essuyé d'affronts, elle se méprisa dans sa patience et dans sa longanimité : les injures qu'elle avait ensevelies dans sa tendresse se réveillèrent en jetant un cri de vengeance. Il en est des blessures de l'amour comme de celles qu'on reçoit au milieu de la mêlée : on ne les sent qu'après la chaleur de l'action, le lendemain de la bataille. La rudesse de George, sa dureté, son ingratitude, ce qu'elle avait été pour lui, ce qu'il avait été pour elle, son langage acerbe, son front d'airain, sa figure inexorable, alors qu'elle baisait, tout en pleurs, les mains et les pieds du bourreau : tous les détails de ce long martyre lui apparurent dans leur poignante réalité, et mille voix s'élevèrent en elle pour protester contre le passé. Dès-lors madame de Belnave entra en pleine convalescence; quand les plaies de l'amour-propre s'ouvrent, celles de l'amour sont près de se fermer.

Et à mesure qu'elle se détachait de Bussy, — toujours à son insu, car elle prenait pour le mal d'amour le mal d'orgueil qui lui succédait, — elle se rapprochait de son compagnon d'exil. Déjà elle l'observait avec intérêt, l'étudiant dans ses goûts, dans ses projets, dans ses espérances, et commençant à s'inquiéter sérieusement de cette destinée qui semblait s'oublier elle-même. Elle aimait à l'entendre parler de l'existence qu'il abordait à peine, le provoquant aux épanchemens, et rallumant, pour ainsi dire, le flambeau de ses illusions à cette flamme que n'avaient encore assaillie ni l'orage, ni les vents contraires. Il y avait long-temps qu'elle avait remarqué en lui ces rêveuses tristesses, brumes du matin de la vie, qui flottent sur les âmes nouvellement écloses. En l'examinant avec plus d'attention, elle ne tarda pas à soupçonner un mal réel caché dans les plis de ce jeune cœur. Un jour qu'elle était allée seule sous les aulnes qui bordent la rivière, et qu'elle revenait par le sentier qui grimpe le long du coteau, elle aperçut Henry qui ne l'avait pas vue venir. Accoudé sur le roc, le front appuyé sur la main, les doigts enfoncés dans ses cheveux qu'ils tordaient par un mouvement convulsif, il se tenait debout contre un des blocs de granit qui hérissent le flanc de la colline; son air était souffrant, son regard était sombre, et je ne sais quel sentiment étouffé relevait ses lèvres et gonflait ses narines. Marianna le surprit dans cette attitude. Après être restée quelques instans à le contempler, elle lui mit doucement une main sur l'épaule, et d'une voix affectueuse:

— Henry, dit-elle, vous souffrez, qu'avez-vous?

Henry se retourna brusquement, et comme il essayait de sourire, se préparant à tromper Marianna par quelque pieux mensonge:

— Vous souffrez, reprit-elle aussitôt d'un accent impérieux et tendre, et ce qu'il y a de plus affreux, Henry, c'est que pour souffrir, vous vous cachez de moi. Ai-je donc mérité cet outrage? dites, vous ai-je refusé une place dans ma douleur? et voilà que vous me fermez la vôtre! N'avez-vous pas eu votre part de mes larmes? et voilà que vous me dérobez vos chagrins! oui, vos chagrins : depuis long-temps je vous observe, et je sais bien que vous aussi, vous avez votre mal : ce mal, ne sauriez-vous le dire? suis-je indigne de votre confiance? hélas! ne puis-je rien pour vous?

Henry s'efforça de rejeter bien loin les appréhensions de madame de Belnave, mais elle demeura convaincue que ce cœur recélait un secret douloureux. Elle puisa pour lui, dans cette conviction, un sentiment plus vif et plus profond, une affection plus inquiète et plus assidue. Ce fut son tour de l'entourer de soins vigilans, de se délaisser pour celui qui s'était délaissé pour elle. Cette sollicitude nouvelle acheva de la détourner de la contemplation d'elle-même, et hâta l'heure de sa guérison. Elle respecta la réserve de ce mal ignoré qui s'obstinait au silence, mais elle s'en préoccupa intérieurement, elle en chercha la cause avec une discrète ardeur. En réfléchissant sur l'avenir d'Henry, en méditant ce qu'elle lui avait entendu raconter de lui-même, elle comprit que c'était de ces âmes condamnées à traverser solitairement la vie, ou bien à se briser contre l'égoïsme du monde : âmes d'élite, si richement douées pour le bonheur, qu'on peut leur prédire à coup sûr de grands malheurs et de longues traverses. En regardant autour de lui, elle le vit isolé, sans autre appui que l'amitié de George, et elle recula devant l'idée de livrer aux influences de ce vent du nord cet arbuste qui ne demandait qu'à fleurir dans une atmosphère de tendresse. Dès lors, le sentiment de la protection, sentiment tout nouveau pour elle, s'éveilla dans son sein et lui déroula de nouveaux horizons; elle se promit de rendre à cet enfant la mère qu'il avait perdue, de l'aider de son expérience, d'être pour lui comme un phare lumineux qui l'attirerait aux fortunés rivages. C'est presque toujours par ces voies détournées que le second amour se glisse dans le cœur de la femme. Il est si doux de se venger par le bonheur qu'on donne, du bonheur qu'on n'a pas rencontré! Et puis, c'est une prétention commune à tous les êtres qui ont gâté leur destinée, que de vouloir, en expiation de leurs égaremens, se charger du soin d'une destinée étrangère. Une fois pénétrée de son rôle, madame de Belnave calcula froidement les intérêts de la vie qu'elle venait d'ajouter à la sienne. Bien qu'Henry lui eût toujours présenté sa position comme beaucoup plus indépendante qu'elle ne l'était en effet, elle sentit que c'était assez de jours perdus dans les champs stériles des regrets et de la rêverie; elle s'arma de courage, et déclara qu'elle se croyait assez sûre d'elle-même pour pouvoir rentrer à Paris sans danger. Mais, soit qu'il redoutât pour elle le retour aux lieux où elle avait souffert, soit qu'il le redoutât pour lui-même, soit plutôt qu'il prévît trop bien le sort qui l'attendait à Paris, Henry insista pour prolonger leur absence jusqu'à la fin de la saison. Marianna céda une fois encore : mais un incident étrange devait précipiter leur départ.

Il est sur ces bords aimés du ciel, par-delà le coteau qui domine la rive gauche, un hameau du nom de la Madelaine, qui ne s'est pas relevé des fureurs de nos guerres civiles. A chaque pas on y rencontre de funèbres vestiges; car, sur cette terre de Vendée, le fer et la flamme ont écrit l'histoire en caractères ineffaçables. Ecroulées à demi, la plupart des maisons y montrent leurs flancs nus, tout noirs encore de l'incendie; les ronces croissent sur les seuils brisés, le vent et la pluie s'engouffrent par les vitraux ouverts, l'aspic et la couleuvre sont les seuls hôtes du foyer. Quelques blanches habitations, tapissées de pampre, se dressent çà et là, comme de pâles ressuscitées; mais l'église n'a point dépouillé ses vêtemens de proscrite et de désolée; le lierre, ce linceul des ruines, l'enveloppe des pieds à la tête; l'herbe a recouvert les marches de l'autel, la cloche est muette, la nef est déserte, les troupeaux paissent sur le parvis, le lézard dort au soleil sur le front des saints mutilés. Non loin de là s'élève le château seigneurial pareillement abandonné, et c'est un spectacle devant lequel la pensée s'incline et médite, que ces deux grandes puissances du passé, l'église et le château, tombées le même jour et sous le même coup, qui semblent se contempler l'une l'autre et se confier leur douleur.

Ce n'est plus l'aspect solennel et terrible des ruines orgueilleuses qui règnent sur le vallon, mais quelque chose de tendre et de voilé qui parle moins à l'imagination, et va plus directement au cœur. Là, tout est modeste, doux et triste à la fois : tout respire l'humilité du malheur, la résignation de la défaite. Le château n'a rien de la fière attitude, ni des allures guerrières de son frère aîné; il n'a pas, comme celui-ci, porté l'écu, le casque et la bannière. C'est un bonhomme de castel, bourgeoisement assis sur une petite éminence, avec une girouette fleurdelysée au front, et regardant d'un air mélancolique les blés onduler à ses pieds et les herbages pousser dans son enceinte. Le poëte n'y rêvera pas de chevaliers aux éperons d'or, de tournois, de fêtes royales; mais de gracieuses images, plus fraîches et moins turbulentes, s'éveilleront à ses souvenirs. Se reportant aux jours heureux qui précédèrent ces désastres récens auxquels ont assisté nos pères, il rendra le seigneur au château, et le prêtre à l'église; il verra, le long des épis dorés, le pasteur cheminant en lisant son bréviaire; dans la cour du château, par quelque soirée sereine, une femme au noble maintien, à ses côtés des enfans beaux comme elle, le précepteur s'entretenant avec l'époux; et cependant l'angelus tintera au temple rustique, les bestiaux rentreront en mugissant aux étables, les chiens aboieront à leur poursuite, et les pâtres armoricains chanteront d'une voix lente les airs graves de leur pays.

Madame de Belnave avait fait de ce coin silencieux le but accoutumé de ses rêveries les plus chères. Dans cette âme sans cesse occupée d'elle-même, qui cherchait partout d'insaisissables rapports avec sa destinée, les débris séculaires du château féodal n'excitaient aucune sympathie; entre ces murs épais, flanqués de tours et de bastions, sous ces voûtes colossales qui semblent n'avoir abrité que des familles de géants, sa douleur se sentait petite et mal à l'aise; mais là, tout les accidens du paysage s'harmoniaient avec les dispositions de son cœur : la majesté de l'histoire n'écrasait pas le drame de sa vie, la voix des siècles n'étouffait pas celle de ses regrets. Aussi, s'était-elle fait de ce lieu un refuge de prédilection. Elle s'y rendait, chaque soir, à l'heure du crépuscule; mais, sur les derniers temps, elle y portait bien rarement les préoccupations des premiers jours.

Par un soir d'automne, elle était seule, assise sur un tertre vert, en face du château, qu'enveloppaient encore les vapeurs dorées du couchant. Ce n'était plus Bussy qui la tenait ainsi rêveuse. Elle avait vu, durant tout le jour, Henry sombre et préoccupé ; elle avait creusé ce chagrin sans pouvoir en trouver la source, et elle était sombre elle-même, inquiète, agitée ; elle s'interrogeait avec anxiété et s'accusait dans sa tendresse inhabile à guérir et à consoler. Comme elle était plongée dans ces réflexions, Henry vint s'asseoir auprès d'elle.

La soirée était calme. Quelques feuilles que le vent détachait des rameaux, le cri des hirondelles qui s'attroupaient autour de l'église pour se consulter sur le jour du départ, une petite fille qui chassait devant elle une vache au poil roux, le battoir des lavandières qui retentissait au loin, troublaient seuls le silence de l'air et l'immobilité du paysage. Bientôt tous ces bruits s'évanouirent, et on n'entendit plus que le frémissement des brises automnales dans les arbres dont elles avaient déjà rouillé la cime.

Henry et Marianna se tenaient silencieux, assis l'un près de l'autre. Bien qu'on touchât à la fin de la belle saison, la journée avait été orageuse, et, par longs intervalles, de pâles éclairs blanchissaient l'horizon. Henry sentait courir dans ses cheveux l'haleine de Marianna, il entendait le frôlement de sa robe de soie dont les plis frissonnaient au vent, et jamais l'heure de midi ne l'avait embrasé de feux plus dévorans que le souffle attiédi de cette soirée d'automne. De son côté, Marianna regardait Henry à la lueur des étoiles, et parfois, il lui semblait voir George reposant auprès d'elle, non pas tel qu'elle l'avait connu, glacé, hautain, impitoyable; mais jeune, gracieux, charmant, tel qu'en ses rêves de vierge inquiète lui était apparu, sur les bords de la Creuse, l'ange de sa destinée. Ils restèrent long-temps ainsi à s'enivrer des émanations mystérieuses qu'ils échangeaient à leur insu. Bientôt, il se forma autour d'eux une chaude et lourde atmosphère imprégnée de pénétrantes senteurs; leur respiration s'éleva, leur sang s'alluma par degrés, et leurs âmes, entraînées par d'invisibles courans, s'attirèrent pour se confondre.

Henry essaya de se soustraire aux influences qui l'envahissaient; mais, par je ne sais quelle perception, tandis que ses yeux plongeaient dans les profondeurs du ciel, il sentait sur lui le regard de Marianna qui le rivait invinciblement à sa place. Pour madame de Belnave, elle s'abandonnait sans crainte au charme qui s'emparait de tout son être, et ne devinait pas le trouble qu'elle jetait dans les sens de ce jeune homme ; elle ignorait qu'Henry entrât pour quelque chose dans l'ivresse qu'elle éprouvait; cette fois, comme toujours elle croyait ne caresser en lui qu'un souvenir et qu'une image; en cédant à l'attraction qu'il exerçait sur elle, elle ne croyait obéir qu'à l'impulsion de ses regrets. Elle était si loin d'imaginer qu'un second amour pût jamais refleurir sur les ruines de son bonheur! elle se disait si bien que, n'ayant pu mourir de sa douleur, elle en vivrait jusqu'à son dernier jour! Et cependant son regard reposait toujours sur Henry. Il était là, si beau, si poétique! il y avait si bien en lui les grâces de l'adolescence! son front était si pur et si rêveur! ses cheveux! que soulevait la brise, exhalaient un parfum si enivrant! Il y eut un instant d'hallucination, où, par un mouvement de tendresse irréfléchie, l'âme égarée par les illusions que lui rendait ce triste et doux visage, elle se pencha vers Henry, et lui prenant la tête entre ses mains, elle la pressa contre son cœur. Chaste étreinte! nul ne saurait dire comment il arriva que leurs lèvres se rencontrèrent. Ce ne fut qu'un baiser rapide comme l'éclair : mais l'étincelle qui tombe sur le salpêtre produit une explosion moins prompte et moins terrible. Madame de Belnave s'arracha, pâle et tremblante, des bras qui l'avaient enlacée; et, d'une voix altérée, qu'elle s'efforça de rendre calme et indifférente, elle se plaignit de la fraîcheur de la nuit, et demanda s'il n'était pas l'heure de rentrer. Tous deux s'éloignèrent en silence, mais ils se gardèrent des sentiers étroits; Marianna ne s'appuyait pas sur le bras d'Henry, et durant le trajet, ils n'osèrent ni se regarder, ni échanger une parole.

Cet incident, dont il ne fut jamais question entre eux, jeta sur leurs relations beaucoup de gêne et de contrainte. Madame de Belnave prit vis-à-vis d'Henry une attitude réservée, elle donna à leurs entretiens un tour plus grave et plus positif, et contraignit l'esprit de ce jeune homme à se diriger vers les idées, trop long-temps négligées, de travail, d'ordre et d'avenir. Elle évita de se trouver avec lui dans les lieux déserts, et la nuit ne les vit plus errer à la clarté de ses étoiles. Avec quelque expérience, Henry se fût enorgueilli de ce changement; mais c'était une âme toute neuve, qui ne savait rien de la vie. Il crut madame de Belnave offensée; à son tour, il s'offensa de la réserve qu'elle lui témoignait, et dès-lors ce fut fini du charme de leur intimité.

Au bout de quinze jours, ils partirent d'un commun accord, Henry emportant bien avant dans son cœur le trait qu'il avait arraché du sein de Marianna.

IV.

Il est des jours où vous diriez la nature plongée dans un deuil éternel. Le ciel n'a pas un coin d'azur : un seul nuage tout d'une pièce enveloppe la terre, comme un drap funèbre tendu à chaque point de l'horizon. L'air est stagnant, les feuilles sont immobiles. Une lumière terne et glacée rampe sur le sol; les oiseaux se taisent; les fleurs se penchent tristement sur leurs tiges; les arbres éplorés distillent goutte à goutte l'humidité que boivent leurs rameaux. Il semble que le flambeau de la vie s'est éteint, que les vents épuisés ne se lèveront plus, et que l'atmosphère qui pèse sur le monde est le manteau qui doit lui servir de linceul.

Cependant, où le regard ne voyait pas d'issue, un filet d'or perce soudain la nuée. Bientôt des brises inattendues la soulèvent et la déchirent. L'azur rit à travers les trouées. Déjà ce ne sont plus que de larges pans de brume que le soleil effondre et que le vent éparpille comme des flocons de ouate. Encore un instant, et de ces teintes sombres, qui semblaient devoir ne jamais s'éclaircir, il ne restera plus qu'une blanche vapeur, voile de gaze que le souffle de l'air plissera sur le flanc des coteaux. Les oiseaux secouent leurs ailes;

les fleurs relèvent leur corolle; la terre engourdie se réveille : les concerts de la création sont près de recommencer.

C'est l'image de nos douleurs. Après qu'un grand désastre a fondu sur notre âme, il se fait en elle une nuit profonde où pas une étoile ne luit. Il semble qu'aucun rayon ne percera jamais ces ombres. Cependant, comme le soleil filtrant à travers la nue, la joie s'y fait jour par d'imperceptibles interstices. Ce ne sont d'abord que de pâles éclairs qui s'éteignent presque aussitôt : mais ces lueurs passagères deviennent plus vives et plus fréquentes. Bientôt les ténèbres s'effacent. Déjà le crépuscule a chassé cette nuit qui menaçait d'être éternelle : déjà la vie chante en cette âme qui se croyait morte au bonheur. Ainsi tout passe, rien n'est durable. Le temps a deux ailes : l'une essuie nos larmes, l'autre emporte nos joies.

Un an s'était écoulé depuis que madame de Belnave avait quitté Paris; elle en était partie avec le funeste espoir de ne plus y rentrer jamais; elle y rentra au bout d'un an, avec une âme, sinon sereine, du moins apaisée. Sans doute l'heure du retour ne fut point exempte de quelque trouble, ni de quelque amertume. Lorsqu'elle aperçut à l'horizon Paris au travers de sa robe de brume, et qu'elle entendit les rumeurs de la ville pareilles aux mugissemens de la mer, cette heure fut terrible sans doute. Il lui sembla que chaque objet prenait dans le brouillard un aspect menaçant; les bruits de la cité lui arrivèrent mêlés d'imprécations et de sanglots, et, comme un lugubre fantôme, le passé se dressa devant elle. Remontant plus haut le courant de ses souvenirs, elle se rappela son premier voyage à Paris; alors que tout était promesse, confiance, illusion dans son sein; elle se rappela ce jour d'avril où, par un soleil éclatant, moins joyeux que celui qui rayonnait en elle, elle était entrée pour la première fois dans cette ville que George remplissait tout entière, et comparant ce qu'elle était alors et ce qu'elle était aujourd'hui, alors reine adorée de Blanfort, entourée d'affections permises, s'appuyant sans rougir sur un bras avoué et protecteur; aujourd'hui délaissée, errante, sans famille, n'ayant d'autre soutien que le dévoûment, peut-être irréfléchi, d'un enfant dont la faiblesse réclamait un appui : elle fut prise d'une mortelle tristesse, et son âme s'affaissa sous le découragement et l'ennui. Mais de tous les sentimens qui l'assaillirent, le plus cruel à coup sûr fut celui de sa guérison. Son désespoir avait duré moins long-temps que l'amour de Bussy : à cette pensée son cœur défaillit de honte, et elle crut voir le spectre de sa douleur la regarder d'un air irrité

Ces impressions fâcheuses ne s'effacèrent pas en un jour, mais elles cédèrent à des préoccupations plus récentes. Ce furent d'abord les soins d'un nouvel établissement. Marianna ne put jamais se décider à reprendre l'appartement qu'elle avait occupé durant son premier séjour, et qu'absente, elle avait conservé plutôt par incurie que par prévoyance; elle n'y demeura que le temps nécessaire à consommer un pieux sacrifice. Elle ne voulut rien emporter de cette asile, elle ne voulut pas qu'une autre joie ni qu'une autre douleur profanât les objets à jamais imprégnés des joies et des douleurs de son premier amour : le feu dévora tout. C'était une âme imbue de susceptibilités exquises et profondément pénétrée de la religion des affections éteintes. Cette tâche accomplie, elle découvrit, bien loin du bruit et de la foule, un nid où elle s'enferma avec de doux projets de retraite et de solitude. Ce fut dans un de ces quartiers déserts que n'a pas encore envahis le mouvement de l'industrie, dans un de ces hôtels graves et silencieux, qui s'élèvent tristement entre une cour où pousse l'herbe et de mélancoliques ombrages : derniers sanctuaires d'une aristocratie qui s'en va, plus noble dans son abandon, plus poétique dans sa ruine, que l'aristocratie nouvelle dans sa jeunesse et dans tout son éclat. Les fenêtres ouvraient sur de vastes jardins plantés d'acacias et de marronniers, et Marianna pouvait, au travers de la ramée, voir l'unique chambre d'Henry, qui s'était logé aux alentours, mais plus près du ciel et dans un réduit plus modeste. Une fois installée, elle appela à son aide, pour la protéger contre les retours du passé, l'étude et les arts que lui avait fait négliger Bussy, les entretiens avec Noëmi, depuis long-temps interrompus ;

mais ce n'était déjà plus contre les regrets que cette inconsolable avait à se défendre.

Que faisait Henry cependant ? Henry venait d'entrer dans la lutte terrible qui sépare l'illusion de la réalité. Long-temps il avait pris la vie pour chose facile et légère. Moins par amour que par orgueil, M. Felquères, en l'envoyant à Paris, avait assez largement pourvu aux besoins de son fils. En même temps, l'ingénieuse tendresse de George avait aplani pour lui les mille aspérités que tout jeune homme rencontre à ses premiers pas dans le monde : il l'avait associé à son bien-être, et s'était plu à développer en lui des goûts et des instincts qu'il avait encouragés avec une folle indulgence. Après l'avoir attiré dans son hôtel, où l'attendait un appartement que George avait fait décorer lui-même avec la coquetterie d'un amant pour une maîtresse adorée, il s'était empressé de lui ouvrir les portes de la vie

parisienne, qui ne s'ouvrent qu'avec une clef
d'or; il l'avait initié à toutes les jouissances
qu'Henry, dans la condition bornée que lui
avait faite le sort, n'aurait jamais entrevues
qu'à travers ses songes de poète. Henry s'était
ployé avec une merveilleuse souplesse aux
exigences de cette position nouvelle. Il est des
âmes d'élection auxquelles le luxe sied comme
aux fleurs le soleil, et qui, transplantées tout
à coup dans une atmosphère d'élégance, s'y ac-
climatent sans effort et s'y épanouissent aussitôt, comme dans leur élément naturel. D'ailleurs, en le mêlant au courant de son existence,
George avait pris soin de l'abuser par de cha-
ritables mensonges; et celui-ci, tout en s'é-
tonnant de voir que ces années de travail et
de postulat, qu'il s'était représentées, du fond
de sa province, comme un temps de privation
et d'austérité, s'offrissent à lui si riantes et si
joyeuses, avait cru sincèrement, tant il y avait

en lui de naïve ignorance! que son budget d'étudiant suffisait à tous ses besoins, et qu'il empruntait seulement à Bussy des règles de conduite et des leçons de savoir-vivre.

On se souvient qu'il n'avait pas tardé à se sentir atteint d'un mal étrange : vague d'abord, inquiet, indécis, tel que chacun de nous s'en est senti frappé au sortir de l'adolescence : passion effrénée plus tard, qui devait s'attacher à lui comme un remords inexorable, et le torturer de tous les tourmens de l'enfer. Chose bizarre! dans cette époque de ruine et de fondation, de mort et de résurrection sociale, où l'émeute ensanglantait nos villes, où la frémissante jeunesse cherchait l'occasion de mourir; dans cette époque d'angoisses et d'attente, où tous les yeux se tournaient vers l'Orient, où les cœurs les plus assoupis se réveillaient, où les questions les plus sérieuses s'emparaient des têtes les plus frivoles, où tous les bras se mettaient à l'œuvre, où les femmes elles-mêmes s'armaient d'une virile audace; dans cette époque en mal d'avenir, où toute société criait et se tordait dans les convulsions de l'enfantement, — lui, ce jeune homme, n'avait vu que l'amour! Hélas! entre tant de labeurs, il n'avait pas choisi le moins rude, et qu'elle ne fut pas l'illusion de ses frères, s'ils crurent accomplir une tâche plus lourde que celle qu'il s'était réservée!

Oui, ce fut une lourde tâche. Grèves de l'Océan, ombrages de la Vendée, vous savez ce qu'il souffrit alors! Mais souffrir ainsi, près d'une femme aimée, s'enivrer de sa voix, de ses pleurs et de sa présence, se sanctifier soi-même, chaque jour, à toute heure, par l'abnégation et le sacrifice, au milieu des graves solitudes, sous le ciel de la vieille Armorique, au murmure des flots, à l'ombre des forêts, sans doute ce fut une belle souffrance près de laquelle aurait pâli toute félicité vulgaire. Et quelle âme, en effet, quelque peu éprise des chastes poésies du jeune âge, n'eût envié la gloire d'un semblable martyre? Mais lorsqu'après un an de cette vie à travers champs, il lui fallut rentrer dans le cercle de fer de la réalité, lorsqu'au sortir de ce rêve d'un an, il s'éveilla corps-à-corps avec son destin, et que toutes les faces de sa position se révélèrent à lui dans leur nudité désolante, sa carrière entravée, son père irrité, ses amis dispersés, et de toute part les aiguillons menaçans de la nécessité; lorsqu'aux douleurs de la passion, douleurs de divine essence, se mêlèrent les embarras du présent, l'incertitude de l'avenir et les luttes mesquines de la vie positive; seul, sans protecteur, sans guide, sans appui, sans autre soutien que lui-même, le cœur consumé par un mal sans espoir, l'esprit allangui par l'habitude des exaltations solitaires : c'est alors qu'il comprit ce que c'est que souffrir, c'est alors seulement qu'il put savoir s'il avait du courage. Eh bien! non, tu ne l'avais pas, et d'ailleurs, où l'aurais-tu pris, ce courage qui t'avait semblé si facile? Tes lèvres avaient constamment repoussé le pain des forts et ne s'étaient abreuvées qu'aux sources énervantes. Tandis que tes compagnons, arrachant au travail le secret du talent, ensemençaient leurs sillons et préparaient des moissons glorieuses, toi, délaissant ton avenir, tu jetais au vent des amours les dons sacrés de ta jeunesse. Aussi, quand vint le jour de l'épreuve, ce jour qu'avait défié ton ardeur insensée, tu te trouvas sans force et sans vertu pour combattre et pour résister!

Il ne s'agissait plus d'aller sur les plages ou le long des traînes, par toutes les lunes et par tous les soleils, recueillir des larmes précieuses, et, passant tour à tour de l'églogue à l'élégie, s'égarer en contemplations et en désespoirs amoureux. Il s'agissait désormais de vivre, d'exister. Il avait, dans ce long voyage, épuisé toutes ses ressources. Son aventure avait fait bruit dans sa province; naturellement, M. Felquères en avait été le premier instruit, et, comme il professait une médiocre estime pour ces façons de chevalier errant, il avait signifié à son fils, en lui envoyant sa malédiction, qu'il eût à revenir au pays, à moins qu'il ne préférât mourir à Paris, misérable. Henry qui n'eût pas hésité, n'aurait-il eu que cette alternative, se trouva donc réduit, avec des habitudes de bienêtre, à la fortune de sa mère, c'est-à-dire à la pauvreté. Il aurait pu recourir à George, mais de retour à Paris, il avait évité de le voir : pourquoi? il l'ignorait lui-même; mais à son insu, il ne lui pardonnait pas Marianna.

Il échappait à peine aux jours fleuris de l'adolescence, à l'âge où tout fermente en nous, où les instincts s'éveillent, où les passions s'allument, où la sève coule et déborde, au milieu des agitations du cœur, des aspirations vers les joies inconnues de la vie, c'est à cet âge qu'il se trouva aux prises avec ces deux monstres hideux qui ternissent et décolorent toutes les complaisances de l'imagination, la misère et la solitude. Heureux ceux de nos frères qui n'ont point subi cette épreuve! Mais celui-ci ployait sous un autre fardeau. L'amour était en lui comme une ambition dévorante que le monde ne pouvait satisfaire : tourmenté, fiévreux, maladif, tel enfin que nous l'ont fait les poètes et les oisifs. Les poètes et les oisifs nous ont bien gâté l'amour! ils en ont exagéré les joies et les souffrances; d'une distraction, ils ont fait une lourde tâche : ils ont attaché des chaînes aux ailes de la fantaisie; à chercher le bonheur qu'ils n'ont pas rencontré, ils ont égaré le plaisir. Aussi, l'amour, qui seul aurait pu soulager les tristesses de cette génération, n'aura-t-il été qu'un supplice de plus pour elle. Où voulez-vous qu'un pauvre jeune homme, vivant de peine et de travail, dans l'étroite sphère où l'enferme la nécessité, répande les sentimens que vous avez développés en lui dans un ordre élevé? où rencontrera-t-il, en descendant de sa mansarde, la femme parée des perfections que vous lui avez laissé entrevoir? Où trouvera-t-il la fée de ses rêves, l'ange de ses illusions? Vous leur avez fait de l'amour un désir brûlant qui jamais ne se pose, une fièvre qui ronge sans cesse, une soif ardente qui ne s'apaise pas. Pourquoi leur avoir enseigné le mépris des jouissances moins pures et des voluptés plus faciles ? Pourquoi leur avoir créé cette affreuse lutte de l'âme et de la chair, de la terre et du ciel ? N'était-ce pas assez de tant d'ambitions et de douleurs qui se partageaient leurs jours ? Leur fallait-il aussi les rébellions du sang, les nuits embrasées et les cuisantes insomnies!

Il l'avait bien rencontré, lui, l'ange de ses illusions; mais plût à Dieu qu'il eût passé sa vie à le poursuivre dans le monde enchanté des chimères! Quand l'amour s'offrit à lui, comme un calice d'amertume, il ne calcula rien, il n'espéra rien, il aima. Il avait cet âge où l'amour se suffit à lui-même : ce fut une flamme qui n'eut d'autre aliment que l'âme qu'elle embrasa. Jamais, auprès de Marianna, il ne profana d'un désir cette grande désolation qu'il jugeait lui-même éternelle; jamais il n'éleva dans sa pensée l'édifice de son bonheur sur les débris de celui dont il contemplait la ruine. Il avait rêvé, lui aussi, des abnégations surhumaines; il avait fait le roman de toutes les affections; la tâche qui lui était échue ne passait pas ses espérances.

Exalté par la conscience de son héroïsme, il avait puisé dans la douleur qu'il assistait la force de supporter la sienne. Sa passion s'était tenue silencieuse et cachée devant cette immense infortune. Mais, lorsqu'il vit cette femme, qu'il avait crue pour jamais ensevelie, s'éveiller jeune et belle encore, et sortir de son linceul; lorsqu'il la vit, comme un lis penché par l'orage, se relever, encore humide de ses larmes, mais prête à refleurir à de nouveaux rayons : c'est alors que, sentant l'amour et la jeunesse se révolter en lui, il se débattit dans le cercle inflexible du rôle qu'il avait accepté. Mais vainement : l'amant ne put briser l'enveloppe de l'ami. Le prisonnier qui a limé les fers de son compagnon de chaîne, et qui le voit partir, insoucieux et libre, tandis qu'il reste, lui, condamné à traîner une servitude éternelle, n'éprouve pas un sentiment de rage et de désespoir plus profond que ne l'éprouva ce malheureux jeune homme en épiant la résurrection de Marianna. Ainsi, ce n'était pas pour lui qu'il avait arraché madame de Belnave à la mort; ce n'était pas lui qui recueillerait les fruits de son amour et de sa conquête! il ne l'avait sauvée de George que pour la jeter dans les bras d'un autre! C'était pour un autre qu'il avait relevé, au prix de tant de soins, cette plante brisée; c'était dans un autre cœur qu'elle irait achever de s'épanouir un jour! Entre la jalousie du passé et la jalousie de l'avenir, qui pourrait dire ce qu'il souffrit alors! Son caractère s'altéra, et madame de Belnave alarmée se prit à l'interroger avec une sollicitude maternelle qui ne fit qu'irriter tant de maux. Il sentait bien qu'il n'était qu'un ami pour elle, et qu'il lui fallait porter jusqu'au bout la croix de son sacrifice. L'amour fut pour lui comme ces fabuleux rivages dont on respirait la fraîcheur, mais où l'on n'abordait jamais. Il vécut près du bonheur sans pouvoir y porter la main. Il toucha l'autel et ne put l'embrasser. Un soir pourtant, un soir, on s'en souvient, il crut que l'heure était venue de sa transfiguration; il sentit passer sur ses lèvres un avant-goût de la félicité céleste. Mais que cet instant fut rapide! qu'il fut suivi d'une nuit sombre! Henry n'avait entr'ouvert le ciel que pour s'en voir exilé sans retour.

A Paris, il se retira de madame de Belnave, sans humeur, sans affectation, et couvrant toujours de quelque prétexte la rareté de ses visites. Il lui cacha sa pauvreté aussi bien que son amour. Sans doute il aurait trouvé doux d'épancher à grands flots les douleurs qui le ravageaient : mais, en disant le mal de son cœur, il eût craint d'embarrasser la reconnaissance de Marianna, et de paraître réclamer le prix de son dévoûment.

Il essaya de vivre ainsi, mais il se courba bientôt sous le sentiment de son impuissance. L'amour l'avait détourné du culte de la réalité. Il n'avait ni spécialité, ni talent, ni connaissances; rien ne lui souriait, rien ne l'attirait; le monde était pour lui terne et désenchanté. Demeuré étranger au mouvement d'idées qui se faisait alors, il ne se rattachait à aucun parti; il n'avait ni drapeau ni chef, il marchait tout seul en sa voie. Il n'avait que vingt ans, déjà le jeune homme s'éteignait en lui : la belle passion de la gloire avait séché dans son cœur, l'égoïsme de l'amour l'avait envahi de toute part. Il n'avait goût qu'à sa douleur. Que faire? que devenir? Il promena autour de lui un regard morne et fatigué, et partout il rencontra la solitude, le découragement et l'ennui.

C'est alors qu'il se sentit pris d'un grand dégoût de toutes choses, et qu'il songea sérieusement à s'affranchir de l'existence. Dans cette époque, ils étaient tous ainsi ! ils avaient vingt ans et ils voulaient mourir ! Leur aube blanchissait à peine qu'ils aspiraient déjà au soir. Le suicide était dans l'air, comme si l'émeute et la peste n'eussent pas suffi à décimer nos villes. Tous, ou presque tous, étaient atteints du même mal, et, chaque jour, une longue file de sœurs éplorées, de mères épouvantées allait interroger la Morgue. Comment ce jeune homme aurait-il échappé à la contagion, lui qui n'avait ni sœur à protéger, ni mère à soutenir, ni rien qui le rattachât au monde d'ici-bas ? Tout l'invitait à le quitter, et les conseils de son désespoir, et les funestes exemples qui éclataient autour de lui, et les séductions d'une littérature qui égarait alors tous ces faibles courages. Hélas ! à cé-

CHAPITRE IV.

lui-là, pardonnez d'avoir voulu mourir! ce n'était pas de ces tribuns de deux jours qui se tuaient, comme le vieux Caton, pour avoir désespéré de la cause de la liberté, ni de ces génies méconnus qui protestaient, par leur mort, contre l'ingratitude de leurs contemporains; ni de ces poètes étouffés qui se vengeaient de l'obscurité de leur vie par quelques heures de célébrité posthume. Il ne se plaignait pas, lui; il n'accusait ni la société, ni personne; humble de cœur, jamais l'orgueil ni la vanité n'avaient inquiété ses veilles ni son sommeil; au dernier échelon de la hiérarchie, il ne pensait pas que la place qu'il occupait fût au-dessous de ses mérites : ce n'était rien qu'une âme tendre qui désespérait de l'amour.

Ainsi les rôles étaient changés. Tandis qu'Henry s'affaissait sous le désespoir, Marianna s'élançait vers la vie, le cœur plein de renaissantes espérances. Elle n'osait pas s'avouer qu'elle aimait : peut-être l'ignorait-elle encore ; mais, au souvenir d'Henry, pourquoi se sentait-elle défaillir de honte en même temps que de bonheur ? Sans cesse occupée à repasser dans son esprit les jours qu'ils venaient de compter ensemble, elle s'en récitait à elle-même tous les détails ; et la mémoire, ce grand poète, les lui rendait parés de charmes toujours nouveaux. Elle avait des rêves tourmentés où elle se retrouvait assise sur un tertre vert près du château de la Madeleine, et lorsqu'elle se réveillait en sursaut, c'est qu'elle avait senti sur ses lèvres deux lèvres fraîches et brûlantes. Le soir, elle demeurait des heures entières à sa fenêtre, le regard attaché sur la fenêtre du jeune homme, qu'elle voyait, chaque nuit, s'allumer et s'éteindre comme un phare mystérieux. Elle avait fait de la lampe qui l'illuminait la confidente de ses pensées secrètes. Elle l'animait de sa vie et de ses sentimens ; elle l'interrogeait avec inquiétude, elle en recevait des impressions de tristesse ou de joie, selon que la lueur était pâle et mourante, ou le rayon vif et joyeux. Il lui semblait que c'était l'âme d'Henry qui brillait comme une étoile solitaire, et qui la regardait dans l'ombre.

Cependant, les visites d'Henry devenaient de plus en plus rares, et Marianna suivait avec une anxiété croissante les changemens qui s'opéraient en lui. Elle en soupçonnait vaguement le motif, mais elle avait déjà les pudeurs de l'amour, et ce n'était jamais sans une timide réserve qu'elle osait le questionner. Et puis, savait-elle bien ce qui se passait dans son propre cœur ! et quand même elle l'eût nettement compris, le passé n'était-il pas là, tout saignant encore et tout palpitant, pour l'arrêter, épouvantée, sur le seuil d'un second amour ! Enfin, en supposant qu'elle fût disposée à le franchir, les âmes délicates comprendront sans effort de quels sentimens de retenue elle devait s'entourer en présence de ce jeune homme qui l'avait déjà vue si follement éprise, si follement résolue à mourir. Henry n'était pas dans le secret de tous ces mystères, et jamais il ne quittait Marianna sans emporter le trait mortel plus avant dans sa blessure.

Un jour, madame de Belnave le trouva si changé qu'elle ne put réprimer, en l'apercevant, un mouvement de douleur et d'étonnement. Près d'un mois s'était écoulé depuis leur dernière entrevue. Ses traits s'étaient amaigris, ses lèvres décolorées, son visage assombri; ses yeux, enfoncés dans leur orbite, brillaient d'un funeste éclat; ses paupières étaient sanglantes. Il prit place auprès d'elle; son maintien était grave et triste; ils causèrent, sa voix était lente et sévère. Madame de Belnave voulut d'abord se plaindre doucement à lui de lui-même ; mais la conversation prit insensiblement un tour sérieux et presque solennel. Ils parlèrent longuement des amertumes de cette vie et de l'espoir d'une vie meilleure ; Henry répéta souvent ces paroles d'un poète, qu'il est beau de mourir jeune, et de rendre à Dieu, qui nous juge, un cœur pur et plein d'illusions ! Tous ses discours respiraient une sombre sagesse, et Marianna, en les écoutant, se sentait agitée par une indicible inquiétude. Elle essaya, à plusieurs reprises, de changer le cours de cet entretien, mais le jeune homme y revenait sans cesse. Au bout d'une heure, il se leva, et, près de s'éloigner, il demeura longtemps contre le chambranle de la cheminée, silencieux et immobile. Il y eut un instant où son secret faillit lui échapper ; mais il le renfonça dans son âme, résolu à vider son calice jusqu'à la lie. Vingt fois, de son côté, madame de Belnave fut tentée de lui ouvrir ses bras et de l'appeler sur son sein : mais chaque fois ses terreurs l'emportèrent sur son amour.

— Durant ces derniers temps, dit Henry, je vous ai bien négligée sans doute; du moins, croyez-vous que mon cœur en a plus souffert que le vôtre? Mais j'avais accompli ma tâche : que pouvais-je pour votre bonheur? La garde qui veille au chevet du malade s'éloigne quand la santé revient.

— Ah! vous êtes cruel! dit-elle.

— Cruel, répéta-t-il avec un triste sourire : vous ne le pensez pas. Cependant, si vous disiez vrai, si par une fatalité que j'ignore, j'avais démérité de vous, je vous prierais de pardonner, car je ne voudrais pas, en partant, vous laisser un mauvais souvenir.

— Où donc allez-vous? s'écria-t-elle.

— Mon père me rappelle, et je pars, répondit froidement Henry.

— Vous partez! et c'est là vos adieux! Que vous ai-je fait pour que vous me quittiez de la sorte? Ah! oui, vous êtes cruel, vous êtes impitoyable.

— L'amertume de vos regrets adoucira pour moi celle de la séparation, dit le jeune homme; je pars, il faut céder à la nécessité qui m'entraîne. Si vous eussiez pu retirer quelque bien de ma présence, le ciel m'est témoin que j'aurais résisté, heureux de pouvoir, en restant, vous être de quelque secours; mais inutile à vous, inutile à moi-même, pourquoi prolongerais-je mon séjour à Paris? je n'ai plus rien qui m'y retienne, et tout me pousse où je vais. Adieu donc! Rappelez-vous les paroles que vous me dites un jour? c'est à mon tour de vous les dire : que mon souvenir vous soit doux, et que la vie vous soit légère!

Il s'éloigna avant qu'elle eût trouvé la force de le retenir, il s'éloigna sans lui avoir baisé la main.

— Ah! madame, que se passe-t-il? dit Mariette en entrant tout émue : je viens de rencontrer M. Henry qui m'a embrassée en pleurant.

— Il part, il s'en va, il nous laisse! s'écria-t-elle avec désespoir; il part, et pas un regret, pas une promesse de retour, pas un mot de pitié, pas une expression de tendresse! Mon Dieu! que lui avons-nous fait?

Vous est-il arrivé, nageur inexpérimenté, de vous sentir soutenu sur l'eau par un faisceau de joncs ou de branches de saule, que vous aviez cueillis sur la rive? Vous flottiez au gré de cet appui léger, et bientôt, oublieux du support, vous alliez ne croyant qu'à vos forces et à votre adresse. Mais si vous aperceviez tout à coup les joncs ou les branches de saule dispersés au courant de l'onde, reconnaissant alors que vous aviez follement présumé de vous-même, vous vous débattiez avec effroi, et vous cherchiez à ressaisir les débris de votre naufrage. Ainsi de Marianna pour Henry. A l'heure de la séparation, elle s'avoua qu'elle avait mis sur cette jeune tête tout ce qui lui restait d'espérances, qu'il était l'unique lien qui la rattachât à la vie. Il est bien vrai que, depuis son retour, elle ne l'avait vu qu'à de longs intervalles; mais elle le sentait près d'elle, et, se reposant sur le temps du soin de nouer par un lien, qu'elle n'osait serrer elle-même, deux destinées nécessaires désormais l'une à l'autre, elle s'abandonnait mollement à la dérive des chimères. Tout ce brillant échafaudage, palais de brume et de vapeur, s'écroula en moins d'un instant sous le coup de ce brusque départ, de cet adieu calme et glacé. Pareil à la foudre, ce coup, en la frappant, l'éclaira; elle comprit à son désespoir tout ce qu'elle avait espéré, et, à la lueur sinistre qui se répandit autour d'elle, l'infortunée descendit tout entière dans son propre cœur.

Elle acheva dans les pleurs cette lamentable journée. Ce n'était pas seulement l'espérance déçue qui se plaignait en elle : les discours d'Henry, l'altération de ses traits, l'étrange expression de sa physionomie, sa voix lente et grave, sa parole austère, tous les détails de cette dernière entrevue, ne lui laissaient ni paix ni trêve; à la douleur de le perdre se mêlait une sourde inquiétude qu'elle ne pouvait expliquer ni vaincre. Vers le soir, elle s'accouda sur le balcon de sa fenêtre; et là, malgré la pluie que le vent lui soufflait par raffales au visage, elle resta les yeux attachés sur la croisée d'Henry, que son regard devinait dans l'ombre : car, non plus que dans son cœur, rien ne brillait dans la nuit épaisse. Henry était-il parti? avait-il déjà tenu sa promesse? était-il donc vrai qu'elle ne devait plus le revoir?

L'astre solitaire, qui luisait à son ciel obscur, s'était-il voilé pour toujours? Le phare mystérieux venait-il de s'éteindre pour ne se rallumer jamais? Long-temps elle attendit; enfin l'étoile se leva, et le pâle rayon, traversant la ramée, pénétra aussitôt dans son âme.

Elle resta long-temps ainsi, dévidant lentement et avec amour l'écheveau de ses souvenirs. Long-temps elle laissa sa pensée courir sur la plage de Pornic et sous les ombrages de Clisson. En se rappelant ce qu'Henry avait été pour elle, ce qu'elle avait été pour lui, elle s'accusa de dureté et d'ingratitude. Qu'avait-elle fait pour le retenir? Par quels soins, par quelle tendresse avait-elle reconnu un dévouement si rare, une si noble affection? Arrivant, par d'insensibles détours, de ce regret presque maternel à des sentimens moins calmes et plus voilés, elle revit Henry tel qu'il lui était apparu par un soir du dernier automne;

son cœur se troubla, et de brûlantes images passèrent devant ses yeux. Puis, elle sentit retomber sur elle cette lourde inquiétude que lui avait laissée la dernière entrevue, et soudain les folles images s'envolèrent avec épouvante. La nuit était sombre, le vent déchaîné poussait de lugubres gémissemens. Pâle et tremblante, la lampe d'Henry paraissait à chaque instant près de s'éteindre. — Tu souffres, disait Marianna, qu'as-tu? Il lui semblait entendre, à travers les hurlemens de la bise, des cris plaintifs qui l'appelaient; tout son sang se glaçait de terreur, et elle retenait sa respiration pour prêter une oreille attentive. — Qu'est-ce donc, mon Dieu! s'écriait-elle. — Il y eut un instant où, l'âme frappée par un affreux pressentiment, elle se précipita dans sa chambre et sonna Mariette à coups redoublés.

Cependant, Henry comptait les heures de

sa nuit dernière. Après avoir quitté Marianna, il avait erré jusqu'au soir par les rues et le long des quais. Rentré dans sa chambre, il arracha d'une enveloppe de serge verte une boîte plate et carrée, présentant moins d'épaisseur que de surface : c'était un meuble élégant de palissandre incrusté de cuivre, un présent qu'il tenait de l'amitié de George; le seul débris qui lui restât de son ancienne splendeur. Il l'ouvrit, en tira lentement deux magnifiques pistolets, fit jouer la batterie, pour en éprouver la fidélité; puis, comme pour s'essayer à la mort, il appuya tout-à-tour la bouche glacée de chaque canon, l'une sur son front et l'autre sur son cœur. Sûr de ses armes comme de lui-même, il les chargea et les déposa sur la table.

Il écrivit à son père une lettre froide, mais respectueuse, dans laquelle il disait que, n'ayant rien à espérer ici-bas, il se décidait à partir pour aller rejoindre sa mère : implorant d'ailleurs le pardon de ses égaremens, et n'accusant que lui seul de sa misérable fin. Pas un mot à Bussy. Il commença pour Marianna une lettre dans laquelle il voulut répandre toute son ame, cette ame douleureuse, si long-temps étouffée ! mais il pensa qu'il valait mieux ensevelir avec lui le secret qui le tuait, que d'attacher un remords à ce cœur, déjà bien assez tourmenté. La lettre resta inachevée.

Il n'était ni fanfaron, ni lâche; il ne jouait pas à l'héroïsme, et ne s'était jamais préoccupé des propos qu'un homme, en se tuant, peut ameuter autour de son cadavre; il ne pensait pas que le bruit de sa mort pût retentir en dehors de sa chambre; il ne se souciait pas de mourir bien ou mal; il voulait mourir, voilà tout. En face de l'heure suprême, il cacha sa tête dans ses mains, et il

pleura des pleurs amères, car il aimait la vie,
cet enfant ! Dieu lui avait fait une âme à réfléchir toutes les poésies de la création ; il
était lui-même une des poésies qui s'ignorent.
Mourir, et il avait vingt ans ! Mourir avant
d'avoir vécu, sans avoir goûté au bonheur ! Il
se rappela le brillant cortége d'espérances
qui l'avaient escorté à Paris, lorsqu'il était
parti de sa ville natale, le cœur léger, l'esprit
ardent, l'imagination enflammée. Que la vie
était belle alors ! que le ciel était vaste et
pur ! comme ce jeune atlète s'élançait dans
l'arène, impatient de la lutte, amoureux d'ap-
plaudissemens et de gloire ! Et quand son
âme, ramenée à des ambitions plus paisibles,
quittait les sommets éclatans pour descendre
aux vallées obscures, quels doux projets
n'étaient-ce pas de félicité rustique, inspirés
de Virgile et de Théocrite ! Ah ! pleure, enfant, pleure tes rêves qui ne reviendront

plus, pleure ta jeunesse évanouie, pleure tes trésors dissipés; oui, pleure des larmes de sang, car ton heure suprême n'est pas encore venue; il te reste des jours à vivre!

Il ouvrit la fenêtre; l'air humide et froid le calma. Il demeura long-temps à contempler l'appartement de madame de Belnave, dont les croisées éclairées brillaient à travers les arbres. Long-temps son cœur se fondit en plaintes mêlées de tendresse et d'amertume, d'attendrissement et de colère. Accusant Marianna et la pardonnant tour à tour: — Vous qui vivez par moi, ô vous par qui je meurs, ne m'entendez-vous pas! disait-il. Les cris du vent répondaient seuls aux gémissemens de son âme.

Les heures fuyaient. Honteux de sa faiblesse, il prit un des pistolets, et, d'une main mal assurée, il en tint un instant la bouche appuyée sur son front; mais tout son sang se révoltant à ce premier baiser de la mort, il repoussa l'arme avec horreur, et il se mit à éclater en sanglots : — Ah! s'écria-t-il, je voudrais bien ne pas mourir encore! Au même instant, il crut entendre un pas rapide qui gravissait les marches de l'escalier. Un fol espoir lui traversa le cerveau; il se précipita sur la porte, l'ouvrit, et, immobile, le corps incliné sur la rampe, il écouta : la nuit et le silence de la tombe!

— Ah! s'écria-t-il en rentrant, je suis lâche; je n'ai pas su vivre, et je ne sais pas mourir.

Il hésita long-temps. Faut-il le dire? il espérait. Qu'espérait-il? il n'en savait rien; mais il espérait. Les heures fuyaient pourtant! Il regarda une fois encore l'appartement de madame de Belnave; les lumières en avaient disparu. — Tu dors, dit Henry, tu reposes, et moi, je vais dormir aussi, d'un sommeil plus profond que le tien. Ah! je ne dormais pas, moi, lorsque tu voulais mourir! ajouta-t-il d'une voix étouffée.

Comme il disait, la porte de sa chambre s'ouvrit violemment, et une femme entra, pâle, haletante, échevelée; ses vêtemens étaient en désordre, la pluie ruisselait le long de son manteau. D'un regard, elle comprit tout. Elle alla droit à la table sur laquelle Henry avait déposé ses armes, et, s'emparant de la lettre inachevée, elle la lut d'un œil brûlant. Puis, lorsqu'elle eut achevé de lire, elle marcha vers le jeune homme qui la contemplait éperdu, et, lui passant ses bras autour du cou, le front radieux, les yeux humides et les lèvres tremblantes :

— Veux-tu encore mourir? lui dit-elle.

V

Ce furent de nobles amours, et bien qu'ils aient vécu dans la tourmente, et qu'ils se soient éteints dans les larmes, tous deux en gardent à cette heure, l'un dans le ciel, et l'autre sur la terre, un pieux et touchant souvenir.

Fut-il jamais plus belles âmes enchaînées

par un lien si charmant! jamais union plus étroite et plus sainte offrit-elle plus de chances de félicité, plus de conditions d'existence! Le monde lui-même la respecta, lui d'ailleurs si impitoyable à toutes celles qu'il ne sanctionne pas. Ils furent pour les tendres natures un sujet d'édification et de réjouissance intérieure, d'hésitation et d'étonnement pour les esprits froids et sceptiques; et des rares élus qui pénétrèrent dans cette intimité, nul ne s'est rencontré qui n'en ait conservé un sentiment de vénération mêlée d'attendrissement et de bienveillance. Qui n'eût prédit à ces amans un long avenir d'heureux jours? qui n'eût pensé que la destinée leur réservait la gloire de laisser à la passion un magnifique exemple de constance et de longévité? Ils avaient en partage la grâce et la beauté, la jeunesse et l'intelligence. Ils brûlaient des mêmes ardeurs : les mêmes goûts, les mêmes sympathies les ressemblaient en toute chose. Leur amour ne contenait aucun des germes dissolvans qui minent les amours vulgaires. Ni la vanité, ni l'orgueil ne les avait poussés l'un vers l'autre; ils s'aimaient pour eux-mêmes et nullement en vue du monde. Ce n'était pas non plus égarement des sens, curiosité de l'esprit ou fantaisie du cœur, mais un sentiment grave et réfléchi dans lequel ils se promettaient de mourir. Leur bonheur même avait quelque chose de sérieux et d'austère, parce qu'il se souvenait de la douleur. Ils ne l'étalaient pas au grand jour, mais ils le cachaient soigneusement, comme les oiseaux cachent leurs nids au fond des bois. Ils s'étaient l'un à l'autre un univers toujours nouveau : ils n'avaient d'ambition que leur félicité mutuelle. Oui, c'était une sainte union : et bien qu'elle fût de celles que la société réprouve, elle a dû trouver grâce devant Dieu et devant les hommes; car ils n'envisageaient pas la passion comme l'affranchissement des devoirs, mais ils y rattachaient au contraire des obligations d'autant plus sévères, que la loi ne les protége pas. Hélas! puisqu'un si noble spectacle n'a pas su attendrir le sort inexorable, puisque ces deux amans n'ont pu vieillir ensemble au même foyer, et qu'à tant d'aimables tendresses ont succédé des regrets déchirans, il est donc vrai qu'il n'est ici-bas que de périssables amours, et qu'il n'est point de feu si beau qui ne donne des cendres amères!

Nous ne dirons pas l'enivrement des premiers jours, ni les transports brûlans, ni les saintes extases, voluptés mélangées du ciel et de la terre. Qui ne vous connaît pas ne saurait vous comprendre, et qui vous a goûtées, ne saurait vous décrire, prémices enchantées de l'amour? Ce fut une ivresse que nul ne saurait dire, et jamais passion n'eut d'aurore plus resplendissante dans un ciel plus radieux ni plus pur.

— Ah! je le savais bien, disait Marianna dans son fol enthousiasme; je savais que tu existais, chère âme qu'avait devinée la mienne, que tu existais ailleurs que dans mes songes, cher bonheur enfin rencontré! Te voilà, c'est bien toi! c'est bien ainsi que tu m'apparaissais, ange d'amour et de tendresse! Va, c'est bien toi que j'ai toujours aimé! je te reconnais bien! C'est toi qui visitais mon inquiète jeunesse, c'est toi qui parlais à mes seize ans étonnés et rêveurs. Que de fois, aux champs de la patrie, j'ai poursuivi, le jour, ton ombre fugitive! que de fois, la nuit, j'ai vu ton visage se pencher sur le mien, me regarder et me sourire! j'écoutais ta voix dans le murmure du vent, je respirais ton haleine au courant de toutes les brises. Et te voilà, réveil plus doux que le rêve, réalité plus enchantée que l'illusion ! Ah ! je t'ai cherché bien long-temps; je t'ai bien long temps attendu ! Un jour, jour maudit ! je crus t'avoir rencontré; je le crus, malheureuse, et j'aimai. Pardonne-moi : mes remords t'ont bien suffisamment vengé. Pardonne-moi; mon erreur était sainte : prosternée aux pieds de l'idole, c'était toi, vrai Dieu, que j'adorais. Mais, cruel, pourquoi donc ne te faisais-tu pas connaître? pourquoi ne te révélais-tu pas ! Tu me voulais sans doute purifiée par mes larmes et rachetée par mes douleurs. Mais est-il vrai que j'aie souffert? est-il vrai que j'aie voulu mourir? Tu as passé sur mes mauvais jours comme le soleil sur une pluie d'orage. Rappelle-toi cette matinée d'avril où nous trouvâmes le printemps enseveli sous une couche de neige. La nature, que nous avions laissée la veille, verdoyante et joyeuse, se tenait

CHAPITRE V.

blanche et triste comme par un jour de décembre ; mais aux rayons de midi, la neige s'affaissa, les frimas se fondirent, et avril en fleurs reparut. Nous marchions tous deux sur la côte, et toi, sans cesse occupé à semer mon cœur d'espérances, tu disais que j'avais en moi un avril tout en fleurs qui n'attendait qu'un rayon de midi. Tu disais vrai, prophète de vie et de bonheur ! Aux chauds rayons de ton amour, j'ai secoué mon hiver, et mon printemps a refleuri. Il me semble, à cette heure, que j'ai rêvé le désespoir : je me demande si tout ce passé d'angoisses et de tortures n'est pas un songe horrible que j'ai fait dans tes bras, une fantaisie du sommeil. Viens, que je renie sur tes lèvres les jours que tu n'as pas remplis : ma vie n'a commencé qu'à toi. Mais quel ange es-tu donc, toi que tant de douleur n'a pu décourager, et qui t'es attaché silencieusement à mes pas ? Quel ange es-tu, toi, qui m'as sauvée de moi-même, et qui, pour prix de ton dévoûment, ne demandais rien que le droit de t'abreuver de mes souffrances! Parle-moi, redis-moi ces jours d'amour que je te dois et que je te rendrai. Ton passé m'appartient : ouvre-moi mes trésors, livre-moi mes richesses, récite-moi toute ton âme.

Et tous deux revenaient sur les jours écoulés, et Henry redisait l'histoire de son cœur, ce qu'il avait senti, ce qu'il avait souffert depuis l'heure où il avait vu Marianna pour la première fois, jusqu'à celle où, désespéré, il avait voulu mourir. Et Marianna ne se lassait par de l'entendre, et elle s'enivrait de cette parole ardente et passionnée qui résonnait à ses oreilles comme une musique céleste.

— Tu voulais mourir! disait-elle, tu désespérais du bonheur, enfant, et tu voulais mourir! Mais tu ne comprenais donc pas!

Mon trouble et mon silence ne te disaient donc rien! Le vent de la nuit ne t'a donc rien porté des paroles que je murmurais le regard attaché sur ta lampe! Viens là, viens sur mon sein prendre ta part des joies dont tu l'inondes, et laisse dire ces faibles cœurs qui, frappés une fois, n'ont pu se relever, et qui condamnent la passion pour excuser leur impuissance. Ils n'ont jamais aimé, ceux-là! Hélas! je voudrais t'apporter une beauté sans tache, suave et pure comme la tienne. Mais à quelques déceptions que mon cœur se soit abreuvé, je le sens, avec orgueil, digne de reposer sur le tien. Te semble-t-il que la souffrance en ait attiédi les ardeurs? Est-ce une ombre pâle et glacée que tu as tirée du tombeau? est-ce une âme appauvrie qui te supplie de ménager en elle un reste de chaleur et de vie? Va, ne crains pas de me briser sous tes transports, ne dis pas à ton sang de battre moins vite : aime-moi de tout ton amour. J'ai respiré ta jeunesse et je suis jeune comme toi. A quoi donc, je te le demande, mon cœur se serait-il usé ? Ah! tu le sais bien ; ce n'est pas au bonheur! Et c'est ma joie et ma gloire de penser qu'avant de te connaître, je ne savais que la douleur. Tu m'as tout appris, tu m'as tout révélé. Ce n'était pas assez pour toi de me sauver du désespoir : après m'avoir conservé la vie, cette vie dont je ne voulais pas, tu m'as donné la vraie, celle de l'âme. Enfant, et tu voulais mourir! Qu'ils meurent ceux-là qui ne sont pas aimés! mais toi, tu peux bien vivre, Henry ; et s'il est vrai que l'amour suffit à tes ambitions, réjouis-toi, car ta destinée sera belle!

Et leurs jours fuyaient dans ce profond oubli de toutes choses que les amans connaissent seuls. Leurs existences ne tardèrent pas à se confondre comme leurs âmes. Henry avait moins d'orgueil que d'amour : sa pauvreté n'eût pas rougi de se mêler à la fortune de Marianna. Mais cette fusion s'opéra de telle sorte que la délicatesse la plus timorée n'aurait pu s'en effaroucher. Ils échangèrent tour-à-tour leur fortune et leur pauvreté. Ils décidèrent, avec une joie d'enfant, qu'ils vivraient tour-à-tour l'un chez l'autre, se faisant réciproquement les honneurs, l'un de sa mansarde, et l'autre de son palais. Il fut fait ainsi qu'ils l'avaient décidé, et ce fut une vie charmante, pleine de ces accidens pittoresques, de ces poétiques contrastes sans lesquels le bonheur s'ennuie, s'altère et dépérit. Ils passaient alternativement huit jours chez Marianna et huit jours chez Henry. C'étaient, chez madame de Belnave, toutes les recherches du luxe et du bien-être, l'amour sur les tapis, à la lueur des flambeaux, sous les rideaux de soie. Mais les plus heureux jours, les jours les plus rapides, s'écoulaient chez Henry, et le palais était jaloux de la mansarde. Aussitôt qu'expirait le règne de Marianna, comme deux écoliers échappés du collége par quelque matinée d'avril, ils partaient d'un pied léger et d'un cœur rempli d'allégresse; ils grimpaient follement l'escalier étroit et tortueux, et ce n'était jamais sans de joyeux transports qu'ils s'emparaient de leur petite chambre, toujours prête à les recevoir. Qui pourait dire tout ce que ce pauvre nid d'artiste et de poëte abrita de bonheur et d'amour! C'était un modeste réduit placé bien près du ciel; mais les bruits de la rue n'y arrivaient jamais, et, le soir, par la fenêtre ouverte sur d'immenses jardins pareils à des forêts, ils voyaient le ciel descendre au lointain horizon et se cacher derrière les collines. L'appartement se composait d'une seule pièce, mais ils ne pouvaient vivre un instant sépa-

rés. Il ne s'y trouvait ni tapis, ni tentures ;
mais les fleurs préférées de Marianna y entretenaient un éternel printemps. Quelques
rayons clairsemés y faisaient semblant de bibliothèque ; mais Marianna y rencontrait ses
livres de prédilection. Enfin, les repas n'étaient guère somptueux ; la table était bien
quelque peu étroite, le couvert n'eût pas trop
révolté l'austérité d'un anachorète ; mais ils
n'avaient point de visages étrangers autour
d'eux. Henry servait sa belle maîtresse, leurs
pieds s'entrelaçaient aisément, leurs regards se
touchaient et leurs lèvres buvaient au même
verre. C'étaient leurs vrais jours de fête ! ils
se sentaient plus insoucieux, plus jeunes, plus
imprévoyans, plus isolés du reste du monde. Il
leur semblait respirer dans un air plus libre
et plus pur. Et puis c'était dans sa chartreuse
qu'Henry déployait toutes les ressources de
son cœur et de son esprit : c'était là qu'il

mettait en jeu tout ce qu'il avait de passion, d'entraînement et de jeunesse, comme pour suppléer au luxe absent par la richesse de son âme. Il y a dans les coquetteries de la pauvreté je ne sais quel charme adorable dont la fortune ne soupçonne même pas le secret. Marianna, de son côté, se prêtait avec une grâce infinie aux allures de cette position nouvelle. Elle avait, elle aussi, mille coquetteries de bonheur pour rassurer la tendresse d'Henry, pour offrir à l'humble toit un triomphe de tous les instans. Ç'avait toujours été son rêve et son espoir de s'attacher à quelque destinée proscrite et de tout abdiquer pour elle : ce rêve et cet espoir semblaient se réaliser. Elle étanchait enfin la soif de dévoûment qui l'avait dévorée jusqu'alors! Elle aimait d'ailleurs cette folle existence, elle aimait cette chambre qu'elle avait tant de fois visitée dans ses songes; elle était fière de répandre la joie dans cet asile où Henry avait désespéré de la vie. Seulement elle aurait voulu son amant encore plus délaissé des hommes et de Dieu, misérable, maudit, marqué au front par la fatalité. Elle se plaignait du sort qui ne lui laissait rien à faire.

Et cependant le sort lui avait ménagé une assez belle gloire, celle de relever par l'amour ce courage que l'amour avait abattu; de ranimer dans ce cœur les nobles passions qu'une seule y avait étouffées; de tracer à cet enfant, d'une main à la fois tendre et sévère, la règle de conduite qu'il avait désormais à suivre. Madame de Belnave ne se dissimulait pas ces devoirs : elle en comprenait la gravité, et ne cherchait pas à s'y soustraire. Elle se plaisait à discuter avec Henry les intérêts de son avenir; mais les questions sérieuses ne tenaient guère contre la fièvre qui les consumait. C'était chaque jour quelque projet de travail qui s'en allait, je ne sais où, rejoindre le projet de la veille. Quand, après avoir bien examiné les différens états de la société, Marianna, se tournant vers Henry, lui demandait : — Voyons, que veux-tu faire? — Je veux t'aimer, répondait-il en lui jetant ses bras autour du col; et toujours on renvoyait les affaires au lendemain. Ainsi, les jours et les mois s'envolaient, les emportant tous deux dans un courant irrésistible. Henry s'endormait dans son ivresse, et Marianna ne se sentait pas la force de le réveiller. Leur bonheur était si nouveau! Henry avait devant lui tant d'années qui promettaient d'être fécondes!

Cette faiblesse ne tarda pas à devenir chez madame de Belnave un calcul et un système. Elle avait beau protester de la jeunesse de son cœur : la foi était morte en lui, et malgré tous ses efforts pour le raviver, elle sentait le doute rongeur se glisser dans sa joie, et en miner sourdement l'édifice. Elle avait des heures de découragement et d'effroi où le passé lui prédisait l'avenir, où son enthousiasme affaissé reployait tristement ses ailes. Le temps n'était plus où elle puisait avidement au bonheur sans imaginer que la source en fût tarissable. George avait tué en elle la confiance, cette fleur de l'âme qui ne fleurit qu'une fois. Elle recueillait déjà les fruits amers de l'expérience.

— Tu m'aimes, disait-elle parfois à Henry, avec une mélancolie passionnée; ah ! oui, tu m'aimes bien ! Ton amour est un bienfait, une bénédiction du ciel ; c'est la couronne du martyre qui m'est accordée sur la terre. Eh bien ! le croirais-tu ? il y a des instans où je voudrais mourir, mourir aimée de toi, m'ensevelir dans ton amour avant que le sort me l'enlève. Je ne sais quel fatal instinct me crie que ce sont là mes plus beaux jours. J'ai des terreurs qui me poursuivent jusque dans tes bras, de sinistres éclairs qui m'arrivent jusque sous tes caresses. Je me sens trop heureuse; je crains que Dieu ne soit jaloux d'une félicité si parfaite. Henry, m'aimeras-tu toujours? Cette existence à deux qui t'enivre à présent, jamais ne te lassera-t-elle? Cette beauté que tu trouves en moi, et que j'ignore, peut-être un jour la chercheras-tu vainement? Que sais-tu de la vie, du monde et de toi-même? Le monde a tant de séductions, la vie tant de chocs imprévus, et te voilà si jeune encore! Un jour, tu m'objecteras peut-être les exigences de ta gloire et les soins de ton avenir? Vous êtes tous ainsi, vous autres! Mais tu es bon, Henry, tu es un noble cœur; c'est quelque chose pour toi, n'est-ce pas, que la destinée d'une femme qui t'a voué toute son âme? Tu ne briseras pas ce que tu as relevé; tu ne m'auras pas tirée de l'abîme pour m'y replonger plus avant; tu voudras compléter ton œuvre? Je me dis tout cela, et je tremble, et j'ai peur, et j'ai besoin que tu me rassures. Regarde-moi, je n'ai plus d'autre ciel que le bleu de tes yeux. Parle-moi; ta voix me fait croire au bonheur.

Et en parlant ainsi, elle s'attachait à lui, comme le naufragé à la branche, son unique espoir, sa dernière chance de salut. Cet effroi irritait Henry et le charmait en même temps. Il grondait doucement Marianna; la rassurait plus doucement encore; puis, lorsqu'il avait prodigué tous les trésors de sa tendresse, affectant à son tour des craintes qu'il n'avait pas, il répétait :—Mais toi, m'aimeras-tu toujours? Cette existence à deux qui t'enivre à présent, jamais ne te lassera-t-elle? Ce charme que tu trouves en moi, et que j'ignore, peut-être un jour le chercheras-tu vainement?

Madame de Belnave ne répondait la plupart du temps à ces questions que par un triste sourire, car elle sentait que ces craintes n'étaient pas réelles, et que c'était un jeu d'enfant. Et s'il insistait : — Que tu le sais bien, lui disait-elle alors! ah! que tu le sais bien, que mon amour ne se lassera pas, et que tu as ma vie tout entière! Que tu es bien sûr de ton pouvoir, et que dirais-je, hélas! qui puisse ajouter à ta sécurité? Ai-je hors de toi une destinée possible? Le monde me réserve-t-il des séductions qu'ait à redouter ta sollicitude? L'avenir me garde-t-il un autre rôle que celui de t'aimer, une félicité plus grande que celle d'être aimée de toi? Henry, mon univers commence et finit à ton nom. Le monde me repousse, la société ne me connaît plus. Je n'ai plus de parens ni d'amis : ma place est vide à jamais au foyer de la famille; il ne me reste qu'une sœur qui prie pour sa sœur exilée. Et tu demandes sérieusement si je t'aimerai toujours! Il était bien dur et bien cruel, celui que je prenais pour toi, misérable insensée que j'étais! Henry, tu t'en souviens; tu sais ce que ces yeux ont versé de larmes alors; tu m'as vue bien souvent éplorée aux pieds du maudit; tu t'en souviens, car moi je ne m'en souviens plus. Tu m'as vue, n'attendant pour revenir à lui qu'un regard moins féroce, qu'une parole moins sévère. Tu m'as vue, couvrant de baisers la main qui me repoussait. Et vous, bienfait de Dieu, trésor d'amour, de bonté et de grâce, vous demandez sérieusement si je veux vous aimer toujours.

Henry la pressait sur son sein, mais la foi éteinte ne se rallumait pas dans celui de madame de Belnave. Le doute finit par l'envahir et par l'entacher d'égoïsme. Au lieu de rendre Henry aux devoirs sociaux qu'il avait déserrés pour elle, elle s'étudia à l'en détacher tout à fait. Elle acheva de l'isoler des hommes et des choses : elle absorba à son profit tout ce qui fermentait en lui de généreuse ardeur. Elle avait retiré de son contact avec Bussy, je ne sais quel scepticisme amer qu'elle laissa s'infiltrer dans l'esprit de ce jeune homme. Elle l'habitua à considérer l'amour comme le seul bien réel auquel devaient être sacrifiés sans pitié tous les autres. Au lieu de réveiller en lui les idées trop long-temps assoupies, elle profita de leur sommeil pour les étouffer entièrement. Au lieu de le pousser vers un glorieux avenir, elle l'énerva de ses caresses. Elle aurait pu façonner en un buste noble et sévère la cire vierge et malléable qu'elle tenait entre ses mains : elle aima mieux la fondre au souffle de sa passion.

— Vis pour ta maîtresse, lui disait-elle souvent; ne mêle pas tes ondes à cette mer de boue qui s'agite à nos pieds; ne livre pas tes jours à ces flots souillés et trompeurs : cache ton âme dans la mienne. Qu'irais-tu faire parmi les hommes? ils t'auraient bientôt perverti! Vis loin d'eux, afin de rendre à Dieu qui nous juge, comme tu le disais toi-même, un cœur pur et plein d'illusions. Que mon amour soit ta gloire et ta richesse; celles-là du moins ne te manqueront pas. Va, l'amour seul est bon; c'est le seul but digne de nos efforts; et c'est folie, lorsqu'on l'a touché, de vouloir en poursuivre un autre.

Henry se sentait si naturellement porté vers ces vérités, qu'il ne leur opposait qu'une bien molle résistance. Jamais ivraie ne tomba sur un terrain mieux disposé à la recevoir. Marianna lui répétait si souvent qu'un noble repos est préférable à une vaine agitation, qu'il finit par se croire évidemment supérieur aux travailleurs qui labouraient autour de lui le sol encore tout chaud d'une révolution récente. Il pouvait au besoin, en se résignant au stricte nécessaire, vivre du revenu que sa mère lui avait laissé; ses rêves de fortune n'allaient pas au-delà : la passion avait dévoré tous les autres. Et cependant, aux bruits de la ville qui retentissaient jusque sous le toit des deux amans, parfois il frémissait de honte et d'impatience, et tout son sang, lui montant au visage, le colorait d'une vive rougeur. Alors ses yeux étincelaient, sa voix éclatait, sa parole s'enflammait à d'autres feux que ceux de l'amour. Il s'indignait de l'inaction où se consumait sa jeunesse; il déplorait les jours perdus. Pareil au coursier qui entend sonner la charge, il rongeait son frein, frappait du pied la terre, et brûlait de se mêler à la lutte. Mais ces belles ardeurs s'abattaient sous l'influence de Marianna, comme un feu de chaume sous une ondée du ciel. Elle avait un art merveilleux, qu'elle tenait de Bussy, pour railler et réduire à néant les idées, les faits et les théories qui produisaient chez Henry ces exaltations passagères : art d'autant plus dangereux chez elle, qu'aux subtilités de l'esprit elle ajoutait les séductions du sentiment. Oubliant qu'elle avait long-temps reproché à George ce système d'ironie flétrissante qu'il déversait sur toutes choses, et jusque sur les noms que la foule admire et révère, elle jouait avec les questions les plus graves et les plus saintes, comme un enfant avec les vases de l'autel. Religions nouvelles, convictions politiques, utopies sociales, tout croulait sous ses sarcasmes; et lorsqu'il ne restait plus pierre sur pierre de ces temples où Henry, quelques instans auparavant, se préparait à pénétrer avec un pieux enthousiasme, elle l'attirait près d'elle, et l'entourant de ses bras amoureux, où couchée comme une gazelle aux pieds du jeune homme :

— Tu pleures les jours perdus, ingrat! lui disait-elle. Ce sont des jours perdus, selon toi, ces jours d'oubli, de passion et d'ivresse que tu passes ici dans mes bras? Consumés en vaines ambitions, tu les trouverais mieux remplis? L'amour ne te semble pas digne d'occuper ta vie toute entière. Tu le vois bien, hélas! que mes terreurs ne sont pas folles, et que j'ai raison de trembler! Peut-être as-tu pensé que je t'aimerais mieux dans une position plus brillante, environné des dons de la gloire et de la richesse? Oh! non! Reste sans gloire, reste pauvre, reste ignoré, c'est ainsi que je t'aime! Paré d'un nom resplendissant, t'aimerais-je moins? Non, sans doute; mais je serais moins sûre de mon amour. Je suis si certaine, à cette heure, de ne t'aimer que pour toi-même! Cet amour que je ressens pour toi est si noble, si pur, si désintéressé! c'est là ma gloire, à moi, et ne comprends-tu pas qu'elle s'éclipserait devant la tienne? Et puis, ai-je besoin qu'une voix étrangère m'éclaire sur le prix des biens que je possède? ai-je besoin qu'on me compte mon or? tes succès me révèleront-ils en toi quelque mérite que j'ignore? Ah! le monde ne met pas sur la tête de ses élus une auréole plus éclatante que celle qui luit à mes yeux sur ton front. Vois-tu, Henry? tu m'as faite heureuse entre toutes les femmes; mais tu m'en as faite aussi la plus fière et la plus glorieuse; car j'ai un trésor à moi seule, un diamant enfoui dans mon cœur.

C'était par de semblables discours que madame de Belnave reprenait son empire. Encore toute meurtrie de la domination de son premier amant, il lui semblait doux de dominer à son tour et de régner en souveraine sur cette jeune intelligence.

Mais, chose étrange! lorsqu'elle fut bien sûre de son bonheur, et qu'elle en eut assuré l'avenir ; lorsqu'elle eut enchaîné son amant par des liens indissolubles, élevé autour de lui une infranchissable barrière et fermé toutes les issues ; lorsqu'elle put croire avec raison qu'elle avait accompli son œuvre, et se reposer dans le sentiment d'une félicité sans trouble et sans mélange, chose étrange en effet! il lui resta une vague inquiétude, un indéfinissable malaise qui pesait incessamment sur son cœur, et qui le remplissait d'épouvante.

VI

Pour un observateur moins intéressé que ne l'était Henry, peut-être, après l'enivrement des premiers transports, n'eût-il pas été difficile de surprendre, sous l'exaltation du langage de madame de Belnave, un sentiment moins fougueux au fond, et moins emporté que ne le révélait l'expression. Mais qu'en savait Henry? qu'en savait madame de Belnave elle-même? Ne croyait-elle pas à l'éternelle jeunesse de son cœur; et, d'ailleurs, avait-elle le loisir d'en interroger les mystères, entraînée qu'elle était sur les ailes du feu de la passion de ce jeune homme? Cependant elle avait des jours où l'indicible malaise qui tenait, comme une épine, à son bonheur, se faisait intolérable, et des instans de lucidité où elle comprenait vaguement que la passion, réduite à ses seules ardeurs, ne saurait se suffire long-temps à elle-même. Il est vrai que ces jours étaient rares, ces lueurs fugitives, et que les deux amans poursuivaient le cours de leurs félicités. Mais il n'est pas d'épine au bonheur qui ne soit une arme mortelle ; il n'est pas d'égratignure à l'âme qui ne devienne bientôt une plaie.

Avec quelque expérience des lois qui président à l'ordre moral, lois tout aussi invariables, tout aussi immuables, ainsi que l'avait dit Bussy, que celles qui régissent la nature extérieure, on eût prévu bien aisément les révolutions que cette liaison devait nécessairement subir. L'amour, chez Henry, était toujours monté au ton de l'ode et du dithyrambe. Cette richesse de sentimens, ce luxe virginal, cette abondance de sève et de vie, avaient d'abord enivré Marianna, et répondu magnifiquement à toutes ses espérances. Toutefois, au sein même de sa plus grande ivresse, elle s'étonna de voir que l'âme humaine, si vaste pour la douleur, fût si limitée pour la joie. Confondant d'ailleurs le besoin avec la faculté d'aimer, suppléant, à son insu, la force par l'ardeur, l'énergie par l'enthousiasme, la puissance par le désir, elle n'était pas restée au-dessous de ses ambitions : elle avait suivi la passion d'Henry dans son vol. Emportée par ce brûlant essor, elle ne sentait pas encore que George lui avait à demi fracassé les ailes. Mais bientôt des symptômes de lassitude commencèrent à se déclarer, et un jour, elle fut prise d'une subite défaillance.

Ce fut par un de ces mauvais jours que nous signalions tout à l'heure. Le frère de Mariette, jardinier de Blanfort, arrivé, la veille, à Paris pour affaires, s'était présenté, le matin, chez madame de Belnave. Il s'appelait Léonard : une figure honnête et niaise, honnête et niais comme sa figure. C'était un garçon de la Creuse : il avait grandi avec les deux sœurs à Vieilleville, et suivi Marianna, après son mariage, à Blanfort. Madame de Belnave crut voir entrer avec lui tout Blanfort et tout Vieilleville dans sa chambre.

— Te voilà, Léonard! dit-elle d'une voix troublée et le front couvert de rougeur.

Léonard, sans plus de façon, l'embrassa sur l'une et l'autre joue; puis il s'informa avec insistance de la santé de sa jeune maîtresse : car, sur la foi de M. de Belnave, qui expliquait ainsi l'absence de Marianna, il croyait pieusement qu'elle n'avait quitté Blanfort que pour venir se rétablir à Paris.

— Il faut que vous ayiez là une fière maladie, ajouta-t-il, car voilà long-temps que ça dure. Dimanche dernier, sous la ramée, le petit Baudran, le forgeron, assurait d'un air goguenard que vous étiez malade comme lui. Je vous lui ai planté, sauf votre respect, sur la joue gauche, une giroflée qui n'a pas attendu le printemps pour fleurir. C'est pourtant vrai, tout de même, notre jeune maîtresse, que vous êtes plus malade que vous n'en avez l'air. On ne se douterait pas, à vous voir, que vous dépérissez depuis tantôt trois ans. Pas vrai, monsieur, qu'on ne s'en douterait guère? répéta-t-il en se tournant vers Henry, présent à cette entrevue.

Henry prit son chapeau et sortit.

— C'est monsieur votre médecin? demanda Léonard d'un air bête.

Marianna éprouva une vive fantaisie de le faire jeter à la porte. Comme elle ne pouvait se dispenser de s'informer de M. de Belnave, et qu'elle n'osait prononcer ce nom, elle prit le parti de demander des nouvelle de la maison.

— Ah dame! notre jeune maîtresse, répondit Léonard en roulant sous ses doigts les larges bords de son chapeau, tout est bien changé depuis votre départ. Comme le disait, l'autre soir, la mère Loriot, vous étiez la joie de Blanfort; la mère Loutil ajoutait même que vous aviez emporté avec vous le soleil du pays.

— Je vous ai laissé ma sœur, interrompit

Marianna, qui se reconnaissait indigne d'inspirer de semblables regrets.

—. C'est précisément ce qu'a répondu Denise, la blonde aux yeux bleus, répliqua Léonard. Mais quoique ça, la mère Boulu a fait comprendre que ce n'était pas la même chose. C'est pourtant vrai, notre jeune maîtresse, que vous étiez un charme pour tout le monde! Les cantonniers disaient que, lorsqu'ils vous avaient vue passer à cheval sur la route, et qu'en passant vous les aviez salués par leur nom, ça leur mettait le cœur au ventre pour le reste de la journée, et qu'en rentrant au logis, ils étaient meilleurs pour leur femme. Quand vous paraissiez à la forge, appuyée sur le bras du maître, c'était un rayonnement sur tous les visages, et le soir on en parlait à la veillée. Je sais bien, pour mon compte, que, quand vous aviez marché dans mes allées, mes bordures d'œillets étaient plus fraîches et le cœur de Léonard plus content.

— Vous ne m'avez donc pas oubliée, là-bas! dit Marianna qui sentait de grosses larmes rouler sous ses paupières.

— Oubliée, notre jeune maîtresse! s'écria l'honnête garçon en lui pressant rudement la main. Vous oublier, nous autres! La mère Bambochard, cette vieille farceuse qui a enterré trois maris sans en pleurer un seul, disait qu'elle ferait plutôt le voyage de Paris, dût-elle faire le voyage à pied, que de mourir sans vous avoir vue encore une fois. Mais, madame, si on vous regrette au village, c'est bien autre chose sous votre toit? Il faut voir comme le maître est triste! Personne n'ose se gaudir devant lui. Au printemps dernier, vers la mi-avril, il lui prit fantaisie de planter, derrière le château, un jardin anglais. Nous en causâmes plusieurs jours de suite, et chaque jour c'était un plan nouveau, et nous ne savions auquel nous arrêter. — Ah! notre maître, lui dis-je un matin, le pied droit appuyé sur le fer de ma bêche, les deux bras croisés sur le manche, c'est un grand malheur que notre jeune dame soit absente; elle nous eût été d'un bon conseil en cette affaire. — Là-dessus, monsieur tourna les talons sans répondre; et depuis, il n'a jamais été question de jardin anglais entre nous. M. Valtone ne chasse plus; il n'a pas tué deux lapins depuis son retour de Paris. Madame votre sœur n'a pas l'air, non plus, d'être incommodée par l'envie de rire. Denise, la blonde, assure qu'elle la voit pleurer tous les dimanches à la messe. Marinette, votre cuisinière, ne veut plus faire les plats que vous aimiez. Depuis votre départ, on n'a pas mangé de crêpes au château. Marie, votre filleule, dit que les vaches sont des ingrates de donner de si bon lait, lorsque vous n'êtes plus là pour le boire. Enfin, votre pauvre Léonard n'a plus goût à ses plate-bandes ; les melons ne mûrissent plus qu'à la Saint-Médard, et, pour goûter des petits pois, il faut attendre la Saint-Babolein. La mère Loutil a bien raison de dire que vous avez emporté le soleil du pays.

— Mon pauvre Léonard! dit Marianna qui riait et pleurait à la fois, est-ce que tu te souviens encore de nos jours passés à Vieille-vi l?

— Si je m'en souviens, jarnidieu! Je me suis cassé la jambe que voici en allant dénicher pour vous une couvée de pies-grièches. C'est grâce à vous que Léonard a été exempt de la conscription. Je serais bien ingrat, si je ne m'en souvenais pas.

— Ce pauvre Léonard! répétait madame de Belnave avec attendrissement. Et, dis-moi, Léonard, est-ce que tu ne songes pas à te marier bientôt?

Léonard devint rouge comme la crête d'un coq.

— Dame! notre jeune maîtresse, j'y songe bien par-ci, par-là. J'imagine de temps en temps que Denise, la blonde, ferait une gentille ménagère. Mais j'ai consulté notre maître, et, sauf votre respect, Monsieur m'a répondu que j'étais un imbécile, et que je ferais mieux de rester garçon.

— Ah! Monsieur t'a répondu cela? dit Marianna d'un air préoccupé.

— Oui, répliqua Léonard. Il me semble pourtant que Monsieur n'est pas payé pour donner de semblables conseils.

Marianna demeura silencieuse.

— Il faut revenir à Blanfort, jarnidieu ! s'écria Léonard en frappant le parquet de son bâton de cornouiller. Les médecins de Paris sont des enjôleurs, et jamais on ne me fera croire que le brouillard qu'on avale ici vaut mieux que l'air de nos campagnes. Revenez, notre chère maîtresse : on s'ennuie làbas de ne plus vous voir. Votre présence rendra la gaîté au pays. Comment pouvez-vous vivre ainsi éloignée de ceux qui vous aiment? c'est là votre mal, madame. Venez, Blanfort vous guérira. C'est ce que disait, l'autre jour, la mère Gillet. Vous savez, notre jeune maîtresse, que le père Gillet est mort? Un fameux ivrogne de moins ! Eh! oui! eh! oui! disait sa veuve, qu'elle revienne, cette chère mignonne, et nous la guérirons, nous autres !

Marianna secoua la tête, et ne répondit pas.

— Adieu, Léonard, adieu, dit-elle.

—Qu'est-ce qu'il faudra dire là-bas de votre part? demanda Léonard en se levant.

— Que tu m'as parlé de Blanfort, et que tes paroles m'ont touchée jusqu'aux larmes.

—Oui, notre chère maîtresse.

— Et maintenant, embrasse-moi, dit-elle en lui tendant la joue.

Après s'être préalablement essuyé la bouche avec le revers de sa manche, Léonard appliqua sur la joue qui lui était offerte un baiser robuste et sonore. Près de sortir, il revint brusquement sur ses pas.

— Jarnidieu ! s'écria-t-il en tirant des larges poches de sa veste plusieurs objets qu'il déposa précieusement sur une table ; j'oubliais le beau de l'affaire ! Voilà deux bouteilles de lait que vous envoie votre filleule, une galette de blé noir que Marinette a pétrie pour vous, des oignons de jacinthes que j'ai choisis moi-même, et enfin un chiffon de papier que madame votre sœur m'a chargé de vous remettre.

Ce chiffon de papier n'était ni plus ni moins qu'une lettre de Noëmi. Marianna s'en empara, et laissa partir Léonard sans songer à le remercier.

Madame Valtone écrivait à sa sœur :

« Ma sœur bien aimée,

« Je suis à tes genoux que j'embrasse. Te souviens-tu d'un soir où, toutes deux assises sur un banc du jardin, nous nous plaignions doucement à Dieu qui n'avait pas béni notre mariage. Deux jeunes femmes de Blanfort passaient en chantant dans la plaine, et chacune tenait un enfant entre ses bras. Je mêlais mes plaintes aux tiennes, et toi, offrant à mon bonheur le sacrifice de tes espérances, tu appelais sur moi la préférence du ciel, tu t'écriais, dans la générosité de ton âme, que ma joie serait ta joie, que mon enfant serait le nôtre. Tu t'en souviens, ma sœur? Eh bien! réjouis-toi, et remercie Dieu : tu es mère!

« Te l'avouerai-je? J'ai porté neuf mois cet espoir dans mon sein, neuf mois je l'ai senti tressaillir dans mes flancs, sans oser te le dire. Veux-tu tout savoir, ô ma sœur adorée ? Au milieu de mes transports, ton souvenir me rendait confuse; j'avais comme regret à ma félicité; je me sentais coupable envers toi; tu me troublais dans mon ivresse. Que te dirai-je enfin ? pour toi, j'étais jalouse de moi-même. Mais après avoir senti ma vie se déchirer dans les angoisses de l'enfantement, j'ai rendu grâce à la bonté divine qui, en nous envoyant un bonheur à partager, m'en avait laissé la tâche pour t'en réserver le loisir.

« C'est bien toi que le ciel exauce ! Tu voulais une fille, c'est une fille qui t'est née, un ange, une âme toute blanche ! Elle s'appelle Marie, de l'un de tes deux noms, de ton nom le plus doux. Tout le monde ici trouve déjà qu'elle te ressemble. Elle aura tes yeux, l'ovale de ton visage ; ton front où l'intelligence rayonne. Moi, je lui ai donné ma bouche pour te sourire et pour t'embrasser.

« Viens, penche-toi sur ce berceau, regarde notre enfant, qu'elle est belle! vois ses yeux, qu'ils sont beaux! vois son front, qu'il est pur! Ses lèvres qui s'entr'ouvrent, t'appellent et te sourient; ses blanches mains te cherchent; ses pieds se cacheraient dans le calice d'une rose. Répète donc avec moi : notre enfant! Moi, je dis ton bonheur à tout ce qui m'entoure, aux arbres, aux coteaux, à l'oiseau qui vole, au nuage qui s'enfuit. Ta fille! ton enfant! notre enfant à nous deux!

« Va, elle est bien à toi; ton nom sera le premier qu'apprendront à bégayer ses lèvres. Je veux que sous mes baisers elle pleure sa mère absente, je veux qu'elle te reconnaisse en te voyant pour la première fois. Car tu la verras, ô ma sœur bien aimée; car tu la presseras sur ton cœur, car tu me disputeras ses caresses. Laisse-moi croire à des jours meilleurs, laisse-moi croire que l'ange du retour et de la réconciliation est descendu sous notre toit. Je ne suis qu'une pauvre femme, et j'ignore par quelles voies Dieu complétera son œuvre; mais t'aurait-il fait à Blanfort une félicité si grande, s'il n'entrait pas dans ses desseins de t'y ramener un jour?

« Adieu, joie de ma joie, bonheur de mon bonheur. Soigne ta vie, qui ne t'appartient plus. Ce n'est plus ta sœur qui te prie et qui te conseille : c'est notre fille qui tend vers toi ses petits bras.

« Noemi. »

Quelques ménagemens qu'eût pris madame Valtone pour en amortir le coup, cette lettre pénétra, comme une lame, dans le cœur de madame de Belnave. Marianna aimait tendrement sa sœur ; mais en songeant qu'elle aurait pu avoir à elle seule et sans partage ce bonheur qui ne se partage pas, et dont

Noëmi lui offrait si généreusement la moitié, elle ne put se défendre d'un sentiment de poignante jalousie. De quelque réserve que la jeune mère eût enveloppé sa joie et son orgueil, madame de Belnave en avait bien compris le sens; elle avait deviné sans efforts tout ce qui se cachait sous ces lignes de transports contenus et d'ivresse étouffée; elle avait cru voir rayonner sur chaque page ces lueurs qu'on aperçoit au-dessus des champs, par les grandes chaleurs de l'été. Toutefois, sa noble nature l'emporta bientôt, et elle remercia Dieu, ainsi que l'en avait priée Noëmi, sinon d'une félicité dont elle se sentait indigne, du moins de celle que sa sœur avait à tant de titres méritée. Elle pressa silencieusement sur son sein cette fille qu'elle devait n'embrasser jamais, et son imagination s'égara en rêves jusqu'alors inconnus. Blanfort, égayé d'un berceau, lui apparaissait sous un nouvel aspect.

D'un autre côté, la visite de Léonard l'avait plongée dans une mélancolie étrange. Cette prose bourgeoise qui était venue la surprendre dans l'atmosphère d'ardente poésie qui la pressait de toute part, avait passé sur elle comme ces brises qui s'élèvent de la mer, au soir des journées embrasées. La fontaine sous les palmiers du désert doit être au voyageur altéré ce que fut pour Marianna ce coup de vent qui lui arrivait de Blanfort. Elle répéta avec un sourire attendri les noms que lui avait dits Léonard; les images qui, la veille encore, l'eussent peut-être effarouchée, se virent accueillies par elle avec une bienveillance inaccoutumée. Elle regarda complaisamment les présens rustiques déposés sur la table, et son âme, brûlante et fatiguée, se rafraîchit aux douleurs du passé et se reposa dans le souvenir des ennuis qu'elle avait si long-temps outragés.

Henry la surprit au milieu de ces réflexions. Sa présence la ramena d'une façon brusque et irritante au sentiment de l'heure présente. En cet instant, elle trouva la passion tout aussi importune, et presque aussi odieuse qu'autrefois le devoir. Préoccupé de l'impression qu'avait dû laisser à Marianna l'envoyé de Blanfort, jamais le maladroit enfant ne répandit son cœur en paroles plus passionnées. Marianna l'écouta avec une secrète impatience. Les bouteilles de lait, les ognons de jacynthes et la galette de blé noir semblaient regarder Henry d'un air moqueur, et se rire de son langage. Faut-il le dire? ce langage blessa les oreilles de Marianna comme un ton faux ou exagéré. La voyant triste et soucieuse, le jeune homme redoubla de tendresse et d'adoration. Vers le soir, il l'entraîna vers la fenêtre ouverte. Le soleil venait de s'éteindre; les feux de la nuit s'allumaient au firmament; aux jardins, dans les allées ombreuses, on pouvait voir encore, aux lueurs du crépuscule, passer de jeunes femmes accompagnées d'enfans aux ébats joyeux et d'époux au maintien grave. Des rires éclataient çà et là, et les groupes se perdaient en causant sous le feuillage. Henry se tenait près de Marianna, un bras autour de la taille de sa belle maîtresse, et, soit que l'amour fût en lui comme une lave sans repos, soit qu'il cherchât encore à dissiper les fâcheuses influences qu'avait subies madame de Belnave, son cœur continua de s'épancher à flots bouillans et continus.

— Ah ! s'écria-t-il en la pressant d'une étreinte amoureuse, que tu es bien ma vie tout entière ! Ah ! qu'il est vrai que l'amour seul est bon, qu'il est le seul but de nos efforts, et que c'est folie, lorsqu'on l'a touché, de vouloir en poursuivre un autre ! Ah ! que je sens bien que ton cœur est lavraie gloire et la vraie richesse! Mais, dis-moi, qu'est-ce donc que ce charme qui va chaque jour grandissant, que chaque jour trouve plus jeune et plus enivrant que la veille? Ta vue m'est toujours nouvelle et de plus en plus enchantée. Il y a en toi une beauté qui m'enveloppe et m'inonde de délices intarissables. Je passerais ma vie seulement à te contempler, ma vie en ce monde et dans l'autre. La lumière me vient de tes yeux; ton souffle est l'air qui me fait vivre. Quand tu parles, tout se tait en moi pour t'écouter; non, tu ne parles pas, tu chantes. Ta robe, en l'effleurant, fait frissonner mon corps de surprise et de volupté. Lorsque je t'approche, tous mes sens sont ravis. Je tressaille au bruit de tes pas : je me dis ton nom à moi-même. J'avais imaginé des félicités exquises, mais rien d'aussi beau ni d'aussi divin que toi. La nuit, je me réveille pour penser à mon bonheur. Ah! pour toi je voudrais mourir! J'ai honte à mon amour qui ne s'est encore exhalé qu'en adorations stériles. Ne désires-tu rien d'impossible? dis-le moi; je te le donnerai. Veux-tu que j'aille chercher, pour la mettre à ton front, une de ces étoiles qui se lèvent au ciel? Elles se lèvent pour te regarder. Que tu es belle et que je t'aime! Mais vous êtes sombre, mon âme; vous êtes silencieuse et sombre! Qu'as-tu? on a remué douloureusement ton passé; on t'a ramenée sans pitié sur tes mauvais jours? Maudits ceux qui t'affligent! Mais, cruelle adorée, est-il un souvenir amer qui doive t'atteindre dans mes bras? Ne les as-tu pas reniés sur mes lèvres, les jours que je n'ai pas remplis? Ne me l'as-tu pas dit toi-même, que ta vie ne commençait qu'à moi? Que nous importe à nous, Blanfort et le reste du monde! Sais-je, moi, s'il est un coin de terre où m'attend le toit paternel?

Le passé, l'avenir, la patrie, la famille, c'est toi, c'est Marianna !

Il continua long-temps de la sorte. Marianna l'écoutait à peine. Elle suivait du regard les ombres qui glissaient entre les arbres, moins préoccupée des discours d'Henry que des cris des enfans qui se poursuivaient sous la feuillée. Elle se rappelait vaguement les paroles de Léonard. Les noms du pays lui revenaient en mémoire, sans qu'elle essayât de les repousser. Elle laissait sa pensée rôder autour de Blanfort; elle cherchait des yeux Noëmi et sa fille. Elle entendait le bruit des forges, et le murmure de la Creuse, qui semblait lui parler de Vieilleville. Mais Henry la tenait au bout d'une chaîne de fer. Quand elle reposait, assise auprès de sa sœur, ou qu'elle se penchait sur le berceau de sa nièce pour baiser au front l'ange endormi, Henry tirait à lui la chaîne et ramenait violemment madame de Belnave au sentiment de la passion. Alors, elle s'efforçait de l'écouter et de lui répondre; mais ses forces trahissant son courage, elle retombait dans les rêveries interrompues, pour être arrachée de nouveau par cet amour impitoyable.

Ce fut pour Marianna une longue et rude soirée. Epuisée et n'en pouvant plus, elle se dégagea du bras qui l'enlaçait, et rentra seule dans sa chambre. Elle se laissa tomber dans une causeuse, et, passant ses mains sur son front avec une expression de découragement indicible :

— Ah! mon Dieu, s'écria-t-elle d'une voix étouffée, comme j'ai dû souvent ennuyer ce pauvre Bussy!

VII.

Cependant aucun nuage apparent n'avait encore altéré l'azur de leur ciel. Madame de Belnave n'était pas femme à se laisser abattre si facilement. Elle avait trop sacrifié à l'amour, elle l'avait trop hautement proclamé le bien suprême, pour s'en retirer à la première défaillance. Non-seulement elle sut cacher à Henry ces découragemens de son âme, mais elle parvint à se les dissimuler long-temps à elle-même. Son orgueil était trop intéressé à ne pas donner raison à George Bussy. Elle s'opiniâtra à être heureuse; elle fit de son bonheur une question d'amour-propre; elle y mit de l'entêtement. Mais dès-lors ce devint pour elle un travail de tous les instans, une étude incessante, une préoccupation sans relâche, le plus lourd, le plus pénible des labeurs.

Inexpérimenté, comme on l'est à son âge, Henry ne prévoyait rien. Il prenait aveuglément son amour pour celui de madame de Belnave, et ne se doutait pas qu'il jouait auprès d'elle le rôle qu'elle avait joué auprès de son premier amant. Il ne comprenait pas que cette âme convalescente, en dépit de ses prétentions à l'inépuisable jeunesse, avait besoin de ménagemens; que c'était un sol fatigué qui, pour donner de nouveaux fruits, voulait des années de repos. Au lieu de lui verser des ardeurs tempérées par de douces ondées et par de fraîches brises, il l'embrasa de feux dévorans, il en brûla les germes à peine éclos, il en dessécha la sève renaissante. Il ignorait l'art d'alterner en amour le chant et le récitatif. Il aimait mal, parce qu'il aimait trop bien : il aimait trop. Il usurpait le rôle de la femme, ce que les femmes ne pardonnent jamais. Il allait follement au-devant de tous les sacrifices. Il délaissait son avenir; il consentait à n'être rien, ce que la société traduit par le déshonneur; il abdiquait sa place au soleil; il désertait son rang dans la lutte. Il ne savait pas qu'il est des abnégations que les femmes paient par le mépris; qu'elles ne sont touchées que des sacrifices qui intéressent leur vanité, et que leur orgueil repousse l'amant assez insensé pour leur immoler le sien. Il ne savait rien : il aimait.

Étourdie, enivrée par la passion de ce jeune homme qui ne lui laissait pas le temps de respirer, madame de Belnave en était arrivée à ne plus sentir sa fatigue, lorsqu'un incident, en apparence indifférent, mais dont les conséquences furent irréparablement funestes, l'éclaira sur l'état de ses forces et la mit face à face avec sa position réelle.

Informé que la santé de son père donnait de sérieuses inquiétudes, Henry n'hésita pas; il partit. Ce ne devait être qu'un voyage de quelques jours : toutefois, la séparation fut touchante de part et d'autre. Bien des larmes furent répandues, bien des tendresses échangées; Henry promit un prompt retour, et Marianna s'apprêta de la meilleure foi du monde à passer le temps de l'absence dans un profond ennui et dans une amère tristesse.

Il en advint tout autrement.

CHAPITRE VII.

Madame de Belnave avait accompagné Henry jusqu'à la voiture. Dominée par les impressions du départ, elle passa le reste du jour dans une affliction véritable; mais, le lendemain, elle s'éveilla avec un sentiment de délivrance qui la frappa de stupeur. Elle se leva par un soleil éclatant qui donnait un air de fête à sa chambre. Il lui sembla respirer plus librement que la veille; sa poitrine était plus légère. Elle éprouva cette sensation de bien-être qu'on reçoit, au sortir d'une étuve, en se plongeant dans un bain d'eau fraîche. Les heures s'écoulèrent avec une incroyable rapidité. Elle écrivit à Noëmi; elle sortit pour aller au bois; elle rentra calme et reposée. La journée s'acheva sans qu'elle eût, à vrai dire, beaucoup souffert de l'absence de son amant.

Cette absence se prolongea au-delà de toute prévision. Madame de Belnave la supporta avec une résignation parfaite. Ce fut pour elle un temps de relâche et de répit, que troublèrent seulement les lettres d'Henry et l'obligation d'y répondre. Les lettres d'Henry étaient brûlantes, celles de Marianna furent plus tendres que passionnées. Ecrire est, en amour, une épreuve décisive : en amour le papier ne sait pas mentir. Henry n'était plus là pour la maintenir dans cet état de surexcitation fébrile qui avait pu les abuser tous deux. Quand Marianna voulut traduire son cœur par la parole écrite, la passion se figea au bout de sa plume, et sa main refusa de tracer les mots que sa bouche avait tant de fois prononcés sans effort. Elle s'interrogea sur cette invincible répugnance. Henry, de son côté, s'interrogeait déjà avec effroi.

Le tact le plus exquis, l'esprit le plus délié, l'âme la plus intelligente, peuvent bien se tromper un instant aux regards de l'être adoré, à sa voix, à ses gestes, à son maintien, à son langage; à ses lettres, jamais. Le cardinal de Richelieu ne demandait que deux lignes d'un individu pour le faire pendre; il ne faut que deux lignes de votre maîtresse pour savoir si vous êtes aimé. Aimé, tout vous le dit : les plis du papier sont amoureux; il s'en échappe un parfum qui vous saisit et vous pénètre. Il y a dans l'arrangement des mots un charme qui ne peut s'exprimer. Les caractères s'entrelacent et se caressent, vous regardent et vous sourient. L'amour se révèle rien qu'à l'enveloppe : vous n'en avez pas brisé le cachet, que vous sentez les mots remuer entre vos doigts; vous les entendez gazouiller, comme des oiseaux dans leur nid. Et, quand vous dépliez les feuillets, n'est-ce pas en effet comme des oiseaux échappés de leur cage, qui ramagent en voletant autour de vous et se disputent pour vous becqueter?

En lisant les lettres de Marianna, Henry

sentit courir quelque chose de froid sur son cœur. Il était trop sûr de son bonheur pour soupçonner le coup qui le menaçait. Cependant, il n'ouvrait jamais une lettre sans un sentiment de joie enivrante, il ne la fermait jamais sans une impression d'accablante tristesse. Qu'était-ce donc? il l'ignorait. Il voulut confier ses angoisses à madame de Belnave; mais ne trouvant pas de mots pour les dire, après de vains efforts pour en pénétrer le sens, il se résigna à les garder pour lui seul. C'est ainsi que l'absence, qui ranime ordinairement les amours assoupis, endormit celui-ci dans toute l'ardeur de sa félicité. Toutefois, à part le travail sourd qui se faisait en elle, ce fut pour Marianna, ainsi que nous le disions tout à l'heure, un temps de trêve et de loisir, un oasis de silence et de paix.

Elle revenait insensiblement à des idées plus calmes, à des ambitions plus sereines;

CHAPITRE VII.

son esprit s'ouvrait à de nouvelles perceptions. La vie lui révélait des aspects qu'elle avait peut-être trop long-temps dédaignés. Descendue des cimes brûlantes, elle aspirait avec joie la fraîcheur de la plaine.

Elle s'était fait, après le départ d'Henry, une habitude d'aller chaque jour au bois, accompagnée de Mariette. Elle n'y cherchait ni le bruit ni la foule, mais quelques allées désertes qu'elle aimait à parcourir à la tombée de la nuit. Un soir qu'elle marchait dans une de ses allées de prédilection, il arriva que ce coin, où elle n'avait jamais trouvé que la solitude, fut soudainement envahi par des groupes nombreux et brillans. C'étaient des amazones qui passaient, comme de belles guerrières, au galop de leurs chevaux, suivies de cavaliers empressés auprès d'elles : des calèches découvertes qui glissaient sur le sable; une entre autres, où se tenaient la plus charmante nichée de jeunes garçons et de petites filles qui se puisse rencontrer jamais. On eût dit une corbeille d'enfans, de ces beaux enfans élégans et fiers qui sentent leur bonne race et n'éclosent qu'à Paris dans les berceaux dela noblesse. Un cavalier escortait la voiture au pas relevé d'un alezan, et bien qu'il parût jeune encore, au regard qu'il tenait constamment abaissé sur elle, il était facile de deviner le père de cette couvée d'amours. Puis successivement des familles entières, presque toujours des visages heureux et calmes, des sourires bienveillans, de douces causeries que trahissaient çà et là quelques mots familiers, quelque parole affectueuse; de jeunes époux, dont le bonheur portait le front levé; une jeune mère, blanche comme Noëmi, qui tenait un petit ange rose sur ses genoux, et s'effrayait quand les chevaux imprimaient à la voiture un mouvement trop brusque ou trop rapide. Enfin toutes les joies, tous les priviléges de la société semblaient s'être donné rendez-vous dans cette allée. Exilée de ces biens qu'elle voyait passer devant elle, madame de Belnave ne put s'empêcher de faire un retour sur elle-même; et ce ne fut pas trop de tout son orgueil pour la défendre contre l'amertume des regrets.

Elle s'éloigna d'un pas rêveur.

Comme elle allait sortir du bois, elle aperçut, dans un landau qui marchait au pas, une famille de la Creuse, dont le château était tout proche de Vieilleville : le comte et la comtesse de la M... avec leurs deux filles, amies l'une et l'autre de Noëmi et de Marianna. Elles reconnurent aussitôt madame de Belnave, et la plus jeune, par un mouvement irréfléchi, voulut se pencher sur le panneau de la voiture pour l'appeller du geste ou de la voix. Mais un regard sévère de madame de la M... réprima cet élan de sympathie. Le landau poursuivit lentement sa marche, et il en tomba sur Marianna deux saluts silencieux et glacés. Elle n'eut pas même la consolation de voir que les yeux de Mesdemoiselles de la M... étaient mouillés de larmes.

Elle rentra : dans ce Paris qu'elle venait de traverser pour gagner sa demeure, elle n'avait pas une âme qui pût la comprendre, la soutenir et la consoler : seule, elle était seule!

Le lendemain, elle reçut une lettre d'Henry : elle la lut d'un bout à l'autre sans que son front s'illuminât, sans que son cœur battît plus vite. La lettre achevée, elle la froissa machinalement entre ses doigts, puis, s'accoudant sur une table, elle resta longtemps abîmée dans une profonde méditation.

Ce qu'elle pensa est resté un secret entre elle et Dieu. Tout ce que nous savons, c'est que cette lettre lui annonçait le prochain retour de son amant.

Il revint comme la tempête : il rapportait un amour exalté par l'absence, irrité par l'inquiétude, aigri par les soupçons jaloux, plus fougueux, plus exigeant, plus terrible qu'il ne l'avait été jusqu'alors.

VIII.

Avez-vous jamais, sous un ciel de feu, entrepris à pied une longue course? Il venait une heure où, le corps échauffé par la marche, vous perdiez le sentiment de votre lassitude, et vous alliez, ne sentant plus vos lèvres desséchées, ni vos yeux brûlés par la poudre embrasée de la route, ni vos pieds gonflés et saignans; vous éprouviez l'ivresse de la fatigue. Mais, si, vous laissant prendre aux séductions de quelque bouquet d'arbres jeté sur le bord du chemin, vous vous asseyiez à l'ombre pour rafraîchir un instant votre front, quand il fallait vous relever, c'en était fait de vos forces et de votre courage. Vos muscles n'avaient plus de ressort; vos pieds meurtris refusaient d'avancer, et tous vos membres endoloris se plaignaient et criaient à la fois.

C'est exactement ce qu'éprouva madame de Belnave au retour d'Henry. Lorsque, après ces jours de vacances, il lui fallut reprendre sa tâche, son âme ressentit une accablante lassitude et refusa de se relever. Mais Henry était là, comme un créancier inexorable! Vainement Marianna tourna vers lui un regard suppliant. Il fallut se lever et le suivre.

CHAPITRE VIII.

Elle essaya : elle se roidit d'un dernier effort ; elle le suivit d'un pas haletant.

Ce n'était pas un faible cœur, non plus qu'un médiocre courage : c'était surtout un immense orgueil. Harassée, n'en pouvant plus, les pieds en sang et le visage en sueur, elle étouffa le cri de sa défaite. Henry l'observait avec cette sombre inquiétude qui précède la fin du bonheur. En apparence, leur vie n'avait pas changé ; c'était toujours la même union, le même échange de tendresse ; mais, de jour en jour, l'air devenait autour d'eux plus orageux et plus lourd : l'heure n'était pas éloignée où la lutte allait s'engager.

La lutte s'engagea. Comment ? c'est ce que nul ne pourrait dire. Dans ces sortes d'engagemens, on ne sait jamais d'où part le premier coup, ni comment, ni pourquoi ; les amans l'ignorent eux-mêmes. On commence d'abord par de légères escarmouches qui semblent ranimer l'amour et lui prêter une vie nouvelle ; on continue par des combats acharnés qui le blessent, on finit par une bataille rangée où il succombe.

Henry souffrait, sans pouvoir se rendre compte de sa souffrance. Rien ne l'autorisait à douter : Marianna semblait brûler de la même ardeur; cependant il souffrait. Ne sachant au juste à quoi s'en prendre, il s'en prit à toute chose. Son humeur s'aigrit, devint turbulente, irritable, emportée. Doué d'une sensibilité maladive, ce n'était pas assez d'un amour heureux pour l'absorber. Il chercha dans les orages de la passion un nouvel aliment à l'activité de ses forces. Il s'appliqua tà ourmenter en tout sens le cœur de sa maîtresse; il se plut à mouiller de larmes ces yeux qui avaient déjà tant pleuré. Elle aimait donc, puisqu'ils pleuraient encore ! Maître du présent et sûr de l'avenir, du moins il le croyait, il se rejeta avidement sur le passé ; il en réveilla les douleurs; il rouvrit les plaies qu'il avait fermées; tout lui fut prétexte de querelle et de discorde. A vrai dire, il ne savait ce qu'il avait; il se demandait lui-même d'où lui venaient cette inquiétude fiévreuse, ce besoin insatiable de trouble, cette impatience sans nom, cette irritabilité secrète. Il regardait autour de lui avec anxiété, et ne comprenait pas que c'était le pressentiment de sa destinée qui l'aiguillonnait et le pressait de toute part.

Ce furent d'abord des scènes qui venaient l'on ne sait d'où, et qui se terminaient par des pleurs et des caresses; petits ouragans qui, tant que les larmes s'y mêlent, sont pour l'amour ce que, durant les fortes chaleurs, est une large ondée pour la terre. Mais il se forma bientôt des orages où les mots sillonnaient l'air et frappaient comme la foudre.

On a beau les renier ensuite, ce sont des bombes qui dorment dans le sein où elles sont enfouies, et qui tôt ou tard éclatent, l'illuminent et le déchirent.

Les cœurs jeunes, ardens, pressés de vivre, embarrassés d'un luxe qui semble devoir ne jamais s'épuiser, se plaisent singulièrement à ces chocs de la passion d'où jaillissent parfois de magnifiques éclairs. Ils y trouvent à satisfaire la soif d'émotions qui les consume; mais les cœurs fatigués achèvent d'y mourir.

Souvent après ces scènes qui devenaient de plus en plus fréquentes, de jour en jour plus acharnées, Marianna disait à Henry :

— Henry, vous êtes sans pitié! Vous jouez cruellement avec mon cœur; vous le brisez. Vous oubliez que j'ai déjà bien souffert et que j'ai droit peut-être à quelque repos. Vous n'avez pas de ménagemens, vous me tuez. Trouvez-vous votre volupté dans mes larmes? Mon amour vous est-il moins doux dans la joie que dans la souffrance? S'il en est ainsi prenez ma vie 'elle est à vous. Mais vous ne savez pas ce que vous faites! non vous ne savez pas ce que vos emportemens jettent en moi de découragement, de tristesse et de désespoir. Vous ne savez pas qu'en ces affreux instans je doute de vous et de moi-même. Henry, vous nous perdrez tous deux! Ce n'est pas seulement le mal que vous me faites qui crie alors en moi; mes douleurs se tiennent entre elles, vous ne pouvez en toucher une seule sans qu'elles ne vibrent toutes en même temps. Encore, s'il ne s'agissait que de moi! Si je pouvais mettre votre bonheur à la place de celui qui me manque, ces douleurs me seraient chères, et jamais je ne me permettrais une plainte. Mon amour vous irrite, les tortures de mon âme n'apaisent pas les agitations de la vôtre; cruel enfant, vous n'êtes pas heureux.

Alors Henry lui baisait les mains et les pieds, pleurant, suppliant, s'accusant lui-même, s'écriant qu'il était heureux entre tous, et achevant d'épuiser, par les emportemens de son amour, le cœur qu'il venait de briser sous les emportemens de sa colère. Ce qu'il y avait de plus lamentable, c'est que la victime rassurait le bourreau. Lorsqu'après ces scènes qui la laissaient sans courage et sans énergie, il voyait Marianna silencieuse, absorbée, se méprenant sur le cours des réflexions qui la préoccupaient, il l'attirait à lui et cherchait, par mille caresses, à dissiper les terreurs qu'il croyait lire dans ses yeux.

— Tu sais bien que je t'aime, n'est-ce pas? disait-il; tu sais bien que je veux t'adorer toujours? Ne t'alarme pas de me voir ainsi brusque, irritable, emporté, bizarre; il se passe en moi des choses que je ne saurais dire, que je ne puis comprendre. Je ne sais rien, si ce n'est que je t'aime d'un amour sans bornes. Va, ne crains rien, je suis bien à toi ! Appuie-toi sans trembler sur mon cœur : chasse ces terreurs qui m'outragent. Tu vivras moins long-temps que mon amour. Ce que tu me disais autrefois pour rassurer ma tendresse inquiète, je puis te le dire à mon tour : ai-je hors de toi une destinée possible ? Me suis-je réservé dans l'avenir un autre rôle que celui de t'aimer? une félicité plus grande que celle d'être aimé de toi ? Ma place restera vide au foyer de mon père et le monde ne me connaîtra pas. Marianna, mon univers commence et finit à ton nom. Et tu doutes, et tu t'alarmes ! Qu'ont de commun avec mon âme ces mouvemens de mon humeur ? Qu'est-ce après tout que ces orages qu'un rayon de tes yeux suffit à disperser? Le ciel n'est pas toujours d'azur; mais derrière les nuages qui le voilent, le soleil immuable se tient éclatant et radieux.

Madame de Belnave s'efforçait de sourire et de tourner vers lui un regard reconnaissant. Mais ces paroles ne faisaient que redoubler le poids de sa tristesse. La confiance et la sécurité de ce jeune homme la rendaient odieuse à elle-même : elle souffrait plus de la tendresse d'Henry et de son bonheur que de ses fureurs et de ses désespoirs.

Elle luttait d'un courage héroïque : mais c'en était fait dans son cœur de tout charme et de toute ivresse. Cette existence à deux, qui l'avait enivrée si long-temps, ce perpétuel tête-à-tête, qui l'avait si long-temps charmée, pesait sur elle et l'étouffait comme les murs d'une prison. Cette vie d'artistes et de bohémiens qui l'avait séduite, cet échange de fortune et de pauvreté qu'elle avait d'abord trouvé si poétique, ne lui semblait plus qu'une excentricité d'assez mauvais goût, ou du moins qu'un enfantillage. Elle n'osait pas le dire à Henry qui tenait trop à ses prérogatives pour consentir à les abdiquer; mais quand le jour arrivait de quitter, en hiver, les tapis moëlleux et les chaudes tentures, en été, le boudoir frais et recueilli où le soleil ne pénétrait jamais, pour aller grelotter ou griller sous le toit de la mansarde, Marianna avait bien de la peine à réprimer un mouvement d'impatience, et presque toujours elle suivait Henry d'un pied lent, revêche et boudeur. Il s'en apercevait parfois, et c'étaient alors des tempêtes nouvelles que Marianna n'apaisait qu'en affectant un enthousiasme de bonheur, depuis long-temps éteint dans son âme. Ajoutez à cela qu'Henry se montrait de jour en jour plus sombre, plus exigeant, plus inquiet, plus ombrageux. Marianna ne pouvait plus essayer une distraction sans qu'il ne la lui reprochât avec amertume. Comprenant enfin que l'amour ne suffit pas à remplir toutes les heures de la vie, elle avait accueilli avec reconnaissance quelques hommes distingués de sa province : elle sentait le besoin de s'entourer de relations agréables et bonnes. Mais Henry montrait à chaque visiteur un visage si gracieux et si prévenant, qu'on n'était guère tenté de s'exposer souvent à une réception pareille. Isolé dans son coin, silencieux et sombre, il jouait le rôle de ces épouvantails qu'on dresse dans les jardins pour effaroucher les oiseaux. Madame de Belnave, que sa position difficile obligeait vis-à-vis du monde à une extrême circonspection, ne pouvait s'empêcher de souffrir de la présence continuelle d'Henry et surtout de son étrange attitude. Elle ne savait quelle contenance tenir, et comprenait bien que chacun se retirait médiocrement édifié. Ce fut un nouveau sujet de divisions, sourdes d'abord et comprimées, qui éclatèrent bientôt.

Un jour, Marianna reçut la visite d'un certain vicomte de L..., gentillâtre Marchois, grand tueur de loups, impertinent et sot. Il s'était présenté chez madame de Belnave sous un prétexte de parenté qu'elle ne soupçonnait même pas. Ils étaient cousins, affirmait-il; d'ailleurs leurs pères avaient ensemble couru le loup dans la forêt de Champsanglard et dans les bois de Marsac. Il venait à Paris, chaque année, passer trois mois d'hiver, prétendant qu'avec la meilleure volonté du monde, il n'était pas possible à un gentilhomme de dépenser en province son argent, son esprit et ses belles manières. — Je fais des économies dans ma vicomté et je viens les manger à Paris, disait-il. — Je suis sûre, ajouta madame de Belnave, que vous faites ici de folles dépenses? — Assez folles, cousine, durant les deux premiers mois, ajouta le vicomte d'un air vainqueur. — A propos, cousin, s'écria-t-elle, il faut que je vous gronde pour n'être venu me voir qu'à la fin du troisième. — Le vicomte jura ses grands dieux qu'il n'était à Paris que depuis huit jours. — Vous mentez, cousin, vous mentez, dit-elle avec un fin sourire. — Il se confondit en sermens et en protestations de tout genre. Quoique tueur de loups, on se piquait d'avoir conservé les belles traditions de la galanterie française! On vivait dans les bois, mais on savait son monde! S'il ne s'était pas présenté les années précédentes, c'est qu'il ignorait les aventures de sa belle cousine. Il lâcha quelques allusions délicates qui amenèrent le rouge de la honte au front de Marianna, et, par-ci par-là, de petits complimens qui firent bondir Henry sur son siége. Le vicomte l'observait avec inquiétude, et se demandait en lui-même quel était ce jeune loup qui lui montrait les dents et le regardait de travers.

Près de se retirer, sur le seuil de la porte, il appliqua le verre d'un binocle sur son œil gauche, puis se tournant du côté d'Henry :

— C'est un parent? demanda-t-il à Marianna, assez haut pour être entendu du jeune homme.

— Non, monsieur, c'est un amant! dit celui-ci, pâle et froid de colère.

Le vicomte salua et sortit.

— Etes-vous fou, Henry ! s'écria madame de Belnave vivement blessée.

Henry se leva ; le bleu de ses yeux était noir, ses lèvres blanches et tremblantes.

—Vous êtes fou ! répéta-t-elle avec humeur. Pour qui donc voulez-vous me faire passer ici? Avez-vous résolu de chasser toutes les personnes qui se présentent chez moi ! En vérité, Henry, je n'ose pas qualifier votre conduite.

— Moi, dit Henry, en lui prenant la main qu'il serra comme dans un étau, j'oserai qualifier la vôtre, et je suis bien aise que cette occasion s'offre enfin de vous en dire mon avis, car voici trop long-temps que cela dure : Marianna, votre conduite est infâme!

— Ah! laissez-moi! s'écria-t-elle, en cherhant à dégager sa main de la main de fer qui l'étreignait.

— Vous m'entendrez, poursuivit Henry. J'ai dit et je répète infâme! Pour qui voulé-je vous faire passer ici, demandez-vous? Je vous réponds : Pour ma maîtresse. Suis-je autre chose que votre amant, moi? je vous le demande à mon tour. Si j'ai résolu de chasser de chez vous les personnes qui s'y présentent? je vous réponds : Oui! et je m'étonne seulement que vous m'en laissiez le soin. Puisque vous voulez que je vous le dise, depuis quelque temps il se passe ici d'étranges choses, et je trouve que vous oubliez bien promptement que nous ne sommes plus de ce monde, nous autres ! Lequel de nous deux, je vous prie, a dit à l'autre le premier : Vis dans notre amour ! ne livre pas tes jours à cette mer de boue qui s'agite à nos pieds ! qu'irais-tu faire parmi les hommes ? cache ton âme dans la mienne ! Lequel de nous deux, vous ou moi, a le premier parlé de la sorte ? Est-ce moi qui vous ai séquestrée de la foule ? Est-ce moi qui vous ai conseillé l'oubli des exigences sociales, le sacrifice de vos ambitions ? Je vous le demande, parlez. Vous seriez bien embarrassée pour me répondre. Et voilà que maintenant l'amour ne vous suffit plus ! Vous éprouvez je ne sais quel besoin intempestif d'estime et de considération ! Vous craignez qu'on ne vous compromette !

Il est temps, vraiment, de vous y prendre! Depuis deux mois, votre maison ressemble à une allée des Tuileries. Ce n'est pas assez d'y subir la présence des indifférens, il faut y supporter l'impertinence et le mépris des sots. Eh bien, non! je ne veux pas qu'il en soit ainsi; je ne le veux pas, moi, vous dis-je!

— Vous ne voulez pas, vous ne voulez pas... murmura Marianna d'un air de défi.

— Je ne veux plus rien, reprit froidement Henry; madame, vous êtes libre.

Et il sortit.

— Ah! malheureuse! s'écria madame de Belnave avec un profond sentiment de désespoir; tu voulais vivre tout entière absorbée dans l'amour! Tu voulais être aimée d'un amour jaloux, exclusif, insatiable, et qui fût la vie tout entière! Tu cherchais un cœur à toi seule! Tu es servie à souhait; on t'aime! on t'aime de cet amour que tu demandais au

CHAPITRE VIII.

ciel, que tu n'espérais plus rencontrer sur la terre : pourquoi donc pleures-tu, misérable?

Elle demeura long-temps anéantie. Jamais la chaîne du devoir n'avait autant pesé sur elle. Jamais, sous l'indifférence de George, elle n'avait enduré ce qu'elle endurait à cette heure sous la passion d'Henry. Elle se rappela les paroles que lui avait dites Bussy, la nuit de leur séparation : ses réflexions furent amères. Elle commença par s'apitoyer sur son sort; puis, honteuse de son égoïsme, elle reporta sa pensée sur l'enfant qui souffrait par elle tout ce qu'elle avait souffert; elle s'attendrit sur cette destinée qu'elle allait briser comme on avait brisé la sienne. A cette idée, son âme se révolta de tout ce qui lui restait de vigueur. Une fois encore elle trouva l'énergie et la volonté de ne pas désespérer d'elle-même. Elle appela à son aide les souvenirs enchantés que lui avait laissés ce jeune homme. Elle se dit qu'il était de sa gloire de donner un démenti aux prophéties de George. Elle attisa ses feux pâlissans, et sut en faire jaillir de vives étincelles. Elle retrouva dans sa mémoire l'amour qu'elle eût vainement cherché dans son cœur : l'orgueil, la pitié, l'attendrissement firent le reste. Elle se leva, elle courut chez Henry ; elle gravit l'escalier tortueux, comme autrefois, vive et légère. Henry était absent; il aperçut, en rentrant, sa maitresse qui l'attendait. Elle lui sauta au col; elle lui prodigua les noms les plus tendres et les caresses les plus folles. Elle voulut demander grâce à ses pieds, mais il l'appela dans ses bras et demanda grâce à son tour. Ce fut à qui n'aurait pas raison. Ils confondirent leurs transports, et jamais leur bonheur n'avait brillé d'un éclat plus beau : dernières lueurs de l'astre près de s'éteindre !

En moins d'une semaine, leur vie avait

repris son trouble accoutumé. Marianna était retombée de cet enthousiasme factice dans une atonie complète: Henry s'agitait comme un lion blessé; la tourmente grondait sous leur toit.

Bientôt leurs querelles ne furent plus suivies de réconciliations, et des jours entiers s'écoulèrent, mornes, silencieux, sur les impressions fâcheuses. Déjà leurs plus beaux jours étaient plus sombres qu'autrefois leurs plus sombres jours. Leur oisiveté n'était plus occupée. Ils ne se plaisaient plus à remuer leurs souvenirs; ils n'aimaient plus à revenir sur leurs félicités écoulées. Trop de mauvais détroits les séparaient du passé, pour qu'ils osassent en remonter le courant. L'ennui se glissait dans leur intimité. Le désœuvrement d'Henry, qui chômait sa douleur comme il avait chômé sa joie, irritait madame de Belnave à un point qu'on ne saurait dire. Elle s'indignait secrètement de le voir consumer ainsi les plus belles années de sa jeunesse. Elle l'accusait d'indolence et d'inertie. Le cœur de la femme est un merveilleux creuset où tour à tour le plomb se change en or et l'or en plomb Tant que le charme dure, l'être aimé est plus qu'un Dieu pour elle : que le charme tombe, le Dieu est moins qu'un homme. La grâce prend le nom de faiblesse, la tendresse n'est plus que de la fadeur, la passion que de l'emphase, et l'oubli de soi-même qu'une absence de dignité.

Effrayée de la responsabilité qu'elle avait assumée, ne sentant plus en elle assez de trésor pour lui rendre tout ce qu'elle lui avait enlevé, Marianna se hasardait parfois à prêcher à Henry le travail; en cherchant à le faire rougir de sa nullité, elle espérait détourner le cours de cette activité qu'elle se reconnaissait désormais incapable de contenir et de satisfaire. Mais c'étaient alors des fureurs sans nom, des emportemens inouïs, des reproches sanglans; d'effroyables récriminations.

— Ah! tu pleures mes jours perdus! s'écriait-il. Ce sont des jours perdus, selon toi, ces jours employés à t'aimer! Consumés en vaines ambitions, tu les trouverais mieux remplis! L'amour ne te semble pas digne d'occuper la vie tout entière!

Marianna courbait la tête : c'étaient ses propres paroles que lui répétait Henry. Il n'était plus temps de défaire le mal qu'elle avait fait. L'imprudente avait trop serré le lien pour pouvoir le dénouer. En traçant autour d'Henry un cercle infranchissable, elle s'y était enfermée avec lui.

Ce devint un enfer. Non, après une pareille existence, l'enfer avec ses cris, ses désespoirs, ses grincemens de dents, doit être un séjour de repos. Ce qu'il y a de consolant pour ceux qui ont épuisé ce calice, c'est de pouvoir se dire que la vie n'a plus de breuvage si amer ni si malfaisant qu'ils ne puissent désormais goûter impunément; ils sont à l'épreuve du fiel et du poison. Il y avait long-temps qu'Henry et Marianna en étaient aux mots qui tuent; les malheureux en arrivèrent à se reprocher mutuellement l'existence qu'ils se devaient l'un à l'autre. Il y avait des instans où Henry éprouvait contre Marianna des mouvemens de haine, où il sentait s'éveiller en lui comme des instincts de bête fauve, où il avait besoin de l'outrager et de la voir souffrir; des instans, où, sans cause sans motif, à propos de rien, il l'interpellait d'une voix stridente et se plaisait à la torturer, jusqu'à ce qu'il lui eût arraché des larmes qu'il essuyait ensuite avec ses lèvres.

Un soir, elle était assise près de la fenêtre

entr'ouverte, occupée d'un ouvrage de tapisserie. La journée s'était passée dans un calme plat. Henry avait bien tenté à plusieurs reprises d'en rompre la paix et le silence; mais Marianna, de guerre lasse, avait éludé toutes les occasions. Elle semblait paisible et recueillie, tout entière absorbée par les rosaces qui s'épanouissaient sous ses doigts. Henry marchait dans la chambre, irrité de l'attention qu'elle donnait à son travail, souffrant de ne rien faire et de la voir occupée.

— Vous vous perdez les yeux, dit-il enfin, en lui enlevant son ouvrage. Puis il continua de se promener dans la chambre. Marianna prit un livre et se mit à lire. Cette impassibilité fit bouillonner le sang du jeune homme qui n'attendait qu'un mot de sa maîtresse pour aller s'asseoir à ses pieds.

Il s'étendit sur un divan, et se tournant vers elle avec une nonchalance affectée :

— A propos, dit-il d'un air distrait, j'ai reçu ce matin une nouvelle qui vous intéressera peut-être.

— Quoi donc? demanda-t-elle sans interrompre sa lecture.

— George Bussy vient de se marier, répondit Henry.

Madame de Belnave resta silencieuse, immobile, les yeux abaissés sur son livre.

— Oui, poursuivit-il lentement; il s'est marié. Ce qu'il y a de plus étrange, c'est que ce vieux cœur s'est, dit-on, rajeuni dans le mariage, et qu'il n'est bruit au pays que de son amour pour sa femme. Il est vrai de dire qu'il a épousé le plus riche parti du département; ajoutez à cela, s'il vous plait, la plus belle fille de vingt lieues à la ronde, en même temps la plus belle âme qu'ait jamais recélée la province. Je la connais, je puis en parler avec assurance : c'est une de ces chastes fleurs qui croissent à l'ombre des bois et qui ne sont pas dans le secret de leurs parfums et de leur fraîcheur. Ce sera pour sûr une noble épouse. Vous conviendrez que notre ami ne pouvait faire une plus heureuse fin. C'est un homme rangé, à cette heure, jouissant de l'estime de ses concitoyens. Vous ne serez pas fâchée d'apprendre qu'il se porte comme candidat aux prochaines élections, et qu'il a pour la députation des chances presque certaines. Nous irons l'entendre à la chambre. Mais qu'est-ce donc que ce livre qui vous absorbe de la sorte? ajouta-t-il en se levant : voici bien longtemps, il me semble, que vous n'avez tourné la page.

Il s'approcha de Marianna, et prit froidement le livre qu'elle tenait entre ses mains : les feuillets en étaient tout humides.

— Vous pleurez donc? lui demanda-t-il.

Marianna ne répondit pas.

— Pourquoi pleurez-vous? dit Henry, en lui prenant rudement la main.

— Je ne sais pas, répondit-elle d'une voix étouffée, en essuyant ses yeux.

— Moi, je le sais, et je vais vous le dire, s'écria-t-il avec emportement.

— Non, non! s'écria Marianna, qui prévit un affreux orage. Non, vous ne le savez pas. Ne le dites pas, laissez-moi vous le dire. Vous ne savez rien, Henry, vous n'êtes qu'un enfant. Eh bien! oui, c'est vrai, je pleure; mais pardonnez-moi, ne vous irritez pas. Il n'est rien dans ces larmes qui doive vous offensser Il en est des affections éteintes comme des membres qu'on n'a plus : on peut en souffrir encore. C'est là ce qu'il vous faut comprendre, et ne le comprenez-vous pas? Et puis, que vous dirais-je? je ne puis m'empêcher de pleurer en voyant cet homme se réfugier dans le monde d'où il m'a exilée, et revenir aux biens dont il m'a enseigné le mépris. C'est peut-être en moi faiblesse et lâcheté, mais que voulez-vous ? je ne suis qu'une pauvre femme.

— Si ce n'est lui que vous pleurez, c'est donc le monde ! s'écria l'impitoyable jeune homme. Si ce n'est lui, c'est donc les biens qu'il vous a ravis ! Enfin, vous pleurez quelque chose ! mon amour ne vous suffit plus ! Les sacrifices ont été pour George, et les reproches pour moi !

La lutte, ainsi engagée, se continua durant la nuit entière. Les jours qui suivirent ne furent pas meilleurs.

Parfois Henry s'arrêtait subitement, au milieu de ses colères, épouvanté lui-même des éclats de sa voix.

— Oh ! mon Dieu ! mon Dieu ! s'écria-t-il alors en se frappant le front, que se passe-t-il entre nous ! qu'est devenu le temps où nous n'avions pas d'autre étude que de nous aimer et de nous complaire? Qu'avons-nous fait de nos beaux jours! Je sens ma tête qui s'égare. Pourquoi ne sommes-nous plus heureux? qu'est-ce que ce démon qui m'irrite et me pousse? quel est donc ce serpent qui me ronge le cœur? Oh! ma tête, ma tête brûlante! ô mon Dieu, n'est-ce pas la folie!

Non, malheureux, non! cette inquiétude qui te dévore, cette anxiété qui te harcèle, ce démon qui t'aiguillonne, ce serpent qui te ronge le cœur, non, ce n'est pas la folie, c'est la raison qui te crie que tu n'es plus aimé!

Ah! certes, quand Marianna vit clair pour la première fois dans le cœur de Bussy; quand elle sentit l'amour de cet homme lui échapper, et qu'elle comprit que tous ses efforts pour le retenir seraient vains, certes, ce fut un instant terrible, et l'infortunée n'imagina pas qu'elle pût être réservée à un coup plus affreux : elle crut que la terre lui manquait sous les pieds, tandis que le ciel s'écroulait sur sa tête. Mais, lorsqu'amante d'Henry, après des efforts surhumains pour tromper ce malheureux jeune homme et pour s'abuser elle-même, elle vit clair dans son propre cœur; lorsqu'elle descendit dans cet abîme ravagé, et qu'elle en contempla les ruines, ce fut un instant plus terrible que le premier, et jamais cri plus lamentable ne sortit d'un sein plus cruellement frappé. Il lui sembla que la douleur, qu'elle pensait avoir épuisée, se révélait à elle pour la première fois; elle se dit que jusqu'à ce jour elle avait seulement essayé la souffrance. C'est qu'après George, il restait encore l'espérance. C'était l'amant qui lui manquait alors; cette fois, c'était l'amour.

Au milieu de ces secousses, de ces luttes, de ces déchiremens, les lettres de Noëmi arrivaient calmes, sereines, radieuses, resplendissantes.

sous les pieds, tandis que le ciel s'écroulât sur sa tête. Mais, bresqu'aussitôt d'Henry, après des efforts surhumains pour tromper ou abuser leurs bourreaux, s'abuser elle-même, elle vit clair dans son propre cœur, et qu'elle descendît dans cet abîme rouge, et qu'elle en contempla les ruines, ce fut un instant plus terrible que le premier; et jamais cri plus lamentable, no sortit d'un sein plus cruellement frappé. Il lui sembla que la douleur, qu'elle pensait avoir épuisée, se réveilait, et que pour la première fois, elle se dit que jusqu'à ce jour, elle avait seulement essayé la souffrance. C'est qu'après George, il restait encore l'espérance. C'était l'amour qui lui manquait alors; cette fois, c'était l'amour. Au milieu de ces-besoins, de ces luttes, de ces déchirsons, les lettres de Noguni arrivaient calmes, sereines, tendreuses, resplendissantes.

IX.

Elle accepta sa destinée. Ne pouvant plus s'abuser elle-même, elle s'imposa, comme un devoir, la tâche de tromper Henry. Mais elle devait bientôt y succomber. Le créancier, qui vient vous prendre dans votre sommeil pour exiger l'or que vous n'avez pas, est moins odieux que l'être qui vous demande l'amour que vous n'avez plus. Marianna sentait à chaque instant son courage faiblir et ses forces l'abandonner. Ce n'était plus la douleur ! La douleur est noble, glorieuse, poétique; elle féconde l'âme qu'elle habite : c'est un hôte de céleste origine. C'était l'ennui, l'ennui qui ternit, glace, flétrit tout ce qu'il touche, le hideux, le stérile ennui ! Quand elle parvenait à le vaincre, c'était pour s'accuser et se maudire. Voilà donc par quels bienfaits elle reconnaissait le dévoûment qui l'avait sauvée, la tendresse qui l'avait guérie ! Elle payait la vie par la mort et l'amour par l'ingratitude. C'était aussi pour insulter au sort qui, par une poignante dérision, ne lui envoyait le bonheur que lorsqu'elle ne pouvait plus en jouir, qui lui faisait de ce bonheur si longtemps, si ardemment souhaité, le plus horrible des supplices.

Mais lui, grand Dieu! mais lui! ses yeux se cavèrent, son teint se plomba, son front se rida sous une précoce vieillesse. Une fièvre continue lui consumait les os. Il passait souvent des nuits entières à marcher au hasard par les rues, et quand il rentrait au matin dans sa chambre, ses vêtemens étaient sanglans et en lambeaux. Il se jetait sur son lit et demandait l'oubli au sommeil; mais vainement ses sens épuisés cédaient à la fatigue, son âme orageuse veillait dans son corps endormi. Parfois il se levait brusquement et se roulait sur le carreau glacé, pour chercher un peu de fraîcheur. Il criait le nom de Marianna avec tendresse et avec colère, la foulant aux pieds et la pressant contre son cœur, lui jetant tour à tour l'adoration et l'outrage. Puis, quand il n'en pouvait plus, quand il s'était exhalé en pleurs et en imprécations, il se disait qu'il n'était qu'un misérable insensé, que Marianna l'aimait encore, et il allait chercher près d'elle un nouvel aliment à sa douleur. Elle s'efforçait de le rassurer, et lui s'efforçait de la croire. Ils étaient lâches tous deux, l'un par amour, et l'autre par pitié.

Un jour, Henry était dans sa chambre, dans cette petite chambre que le bonheur ne visitait plus, la tête appuyée sur son lit, sur ce lit qui n'entendait plus que des cris de détresse et de malédiction. Il venait de quitter sa maîtresse après une de ces scènes où madame de Belnave, vaincue par l'ennui, se montrait, en dépit d'elle-même, dure, cruelle, impitoyable. Il sanglottait comme un enfant, et se labourait la poitrine avec ses ongles. Tout-à-coup la porte s'ouvrit. Un rayon de joie brilla dans ses yeux humides. Mais, en se relevant, il se trouva face à face avec George Bussy.

George lui tendit la main, mais Henry refusa la sienne; il détourna la tête d'un air sombre,

CHAPITRE IX.

et resta un instant immobile; puis, se rejetant sur son lit, il étouffa dans l'oreiller ses cris et ses sanglots. Après l'avoir contemplé en silence, George se retira, grave et pensif, sans avoir dit une parole.

Il marcha long-temps sur les quais, d'un pas lent et réfléchi; puis, de l'air d'un homme qui a pris une détermination soudaine, il alla s'informer de l'adresse de madame de Belnave au premier hôtel qu'elle avait habité : une heure après il se présenta chez elle.

Lorsqu'il entra, madame de Belnave voulut se lever; mais ses jambes se dérobèrent sous elle. Elle essaya de parler, mais la parole expira sur ses lèvres. Elle couvrit sa figure de ses mains, pour cacher sa honte plutôt que son émotion; car elle avait perdu le droit d'accuser et de maudire, et c'était moins un coupable qu'un juge qui se tenait debout devant elle.

George prit un siége. Il y eut un long silence durant lequel ils écoutèrent le langage muet de leurs âmes.

— Marianna... dit enfin George Bussy d'une voix légèrement émue.

A ce nom qui vibra comme un écho des jours heureux, madame de Belnave découvrit son visage et tourna vers George un regard de stupeur et d'effroi.

— Madame, reprit-il, je viens m'acquitter près de vous d'un pénible devoir, mais d'un devoir sacré, puisque je n'ai pas craint, pour l'accomplir, d'affronter votre haine et de vous affliger de ma présence.

— Je ne vous hais pas, monsieur, dit Marianna.

— Je vous disais bien que la vie vous enseignerait l'indulgence! poursuivit lentement Bussy. Je vous disais bien que rien n'arrive à temps, et que toujours nous nous vengeons sur ceux qui nous aiment de ceux que nous avons aimés. Vous-même, madame, digne, à tant de titres, d'une destinée meilleure, vous n'avez point échappé à la commune loi. Aimée, vous n'aimez pas.

— Qui vous l'a dit? demanda fièrement Marianna, chez qui l'orgueil eût ranimé l'amour, si l'amour n'eût été mort en elle.

— Allez, vous n'aimez pas! répéta George en secouant tristement la tête.

— Eh bien! c'est vrai! dit-elle avec un profond découragement. Ah! le ciel m'est témoin que j'ai bien lutté, que j'ai bien combattu! Ah! j'ai bien soufflé sur mes cendres! tous mes effort ont été superflus. Il est Marianna, et moi je suis Bussy. C'est vous, George, c'est vous qui nous avez perdus tous deux.

— Vous vous vengez sur lui, je me vengeais sur vous, répondit George. Pour arriver à la source du mal, il faudrait remonter bien haut.

Mais la plainte est injuste, les récriminations sont vaines; nous nous apprenons tous les uns aux autres à souffrir et à pardonner. Non, Marianna, non, ce n'est pas moi qui vous ai perdus. La vie seule est coupable; plaignons-nous à Dieu qui l'a faite.

Madame de Belnave subissait humblement la vérité de ces paroles qui l'avaient tant de fois révoltée, et c'était un triste spectacle que ces deux êtres, revenus de leurs illusions et jetant sur la vie un regard froid et désenchanté.

— Je suis venu, poursuivit-il après s'être un instant recueilli, pour vous aider à réparer, autant qu'il peut être réparé, le mal que vous avez causé sans le vouloir.

— Eh! le puis-je, mon Dieu! s'écria-t-elle avec désespoir. Il déchire mon cœur pour y chercher les biens qui n'y sont plus, et ne veut pas de ceux que je pourrais encore lui offrir. Il ne comprend rien, il ne veut rien comprendre! ajouta-t-elle avec un mouvement d'humeur.

— Nous avons été comme lui, dit George, il ne faut pas lui en vouloir : il aura son tour, il comprendra plus tard. A cette heure, il faut le sauver.

— Dites, ah! dites, s'écria-t-elle; est-il besoin de tout mon sang?

— Il est besoin de tout votre courage.

— Que faut-il faire?

— Le quitter.

— Jamais, monsieur, jamais! répondit-elle avec une noble indignation.

— Il faut le quitter, répéta George avec sang-froid. Votre âme est grande et généreuse, je le sais; je sais que vous vous résigneriez à mourir plutôt que de vous retirer la première du duel où vous êtes tous les deux engagés. Mais il s'agit de lui et non de vous. Votre destinée est achevée : la sienne peut encor être belle.

— S'il en est ainsi, monsieur, démontrez-lui que je suis un obstacle à son bonheur, et, quand il l'exigera, je me soumettrai sans murmurer à ce dernier sacrifice. Je rentrerai pour ne plus en sortir, dans la solitude où vous m'avez plongée. Mais je l'avoue, je suis sans force contre sa douleur, et ce lien dût-il m'étouffer, n'espérez pas que je le brise.

— Vous le briserez, dit George, parce que ce n'est pas lui, mais vous qu'il étoufferait tôt ou tard; vous en aurez la force, parce que lui ne saurait la trouver. Il ne comprend rien, il ne veut rien comprendre, vous-même le disiez tout à l'heure. C'est donc pour lui, madame, pour lui seul que je vous prie et vous adjure; que la pitié vous rende cruelle! S'il fallait pour sauver votre sœur lui plonger un couteau dans le sein, si votre main était la seule qui pût la sauver à ce prix, votre main hésiterait-elle? Oui, Marianna, vous l'avez dit, vous êtes un obstacle dans sa vie : vous dévorez ses jours sans profit pour vous, sans profit pour lui-même. Son père en gémit; au pays, ses amis en murmurent; on s'afflige de voir sa jeunesse s'écouler sans travail et sans dignité. Vous l'avouerai-je? on va jusqu'à vous blâmer hautement.

— Que voulez-vous? dit Marianna que ces reproches irritaient, il ne fait rien, il ne veut rien faire!

— Il aime, répondit Bussy; vous appelez cela ne rien faire. Je sais des malheureux qui travaillent vingt heures par jour et qui accomplissent, à mon sens, un préférable labeur : il leur reste quatre heures pour dormir et pour oublier. Ah! sauvons-le, ne l'accusons pas. Réveillez dans votre cœur ce qu'il y reste de tendresse, d'affection et de dévoûment pour le rendre aux devoirs qui le réclament. Il commencera par vous maudire, mais un jour il vous bénira.

— Vous ne le connaissez pas, dit-elle, il en mourra.

— Non, dit George, il n'en mourra pas; nous n'en sommes pas morts, nous autres. Qu'espérez-vous, en prolongeant une liaison qui vous meurtrit tous deux? Vous ne pouvez rien désormais pour vos félicités mutuelles. Vous absorbez sa vie, il épuise la vôtre. Qu'attendez-vous de l'avenir? vous aurez beau faire, vous ne rallumerez pas en vous l'amour éteint; vous ne raffermirez pas en lui la confiance ébranlée. Je vous le dis dans la tristesse de mon âme, il n'est plus de bonheur possible entre vous.

— Ah! je le sais bien! murmura-t-elle. Mais il n'a que moi au monde, je ne l'abandonnerai pas.

— Un ami lui restera pour l'assister et le soutenir, pour l'aider aussi à comprendre.

Reposez-vous sur moi du soin de veiller sur ses jours, et de vous ménager dans son cœur une place où votre souvenir vivra toujours précieux et cher.

Il y eut encore un long silence durant lequel madame de Belnave sembla flotter indécise entre les conseils de George et ceux de sa conscience.

— Jamais, monsieur, jamais! dit-elle enfin d'une voix ferme et résolue. L'amour, après tout, n'est pas seulement une fièvre de jeunesse, une folle exaltation, une chaleur de sang et de cerveau; c'est quelque chose de mieux, il me semble. Parce que je ne sens plus en moi les brûlantes ardeurs du matin de la vie, s'ensuit-il que je n'aime plus? j'interroge mon cœur, et j'ose affirmer le contraire. Je l'aime, sans passion, il est vrai, sans folie, sans enthousiasme...

— Oui, dit George en l'interrompant, vous

l'aimez par devoir, vous l'aimez par pitié, vous l'aimez sans bonheur, de cet amour plus odieux, plus fatal que la haine.

— Quoi qu'il en soit, répliqua-t-elle, mon parti est irrévocablement pris. Dussions-nous l'un et l'autre succomber à la peine, nous sommes enchaînés par un lien indissoluble, nous ne nous quitterons jamais ?

— Vous y réfléchirez, dit George en se levant. Un jour viendra, ce jour n'est pas loin, où vous accepterez humblement les conseils que vous rejetez à cette heure. Si je puis alors vous être de quelque secours, écrivez un mot, je viendrai.

Comme il allait se retirer :

— Et vous, George, demanda tristement Marianna, à quel point êtes-vous de la vie? Etes-vous heureux? vous êtes marié, m'a-t-on dit.

— Eh! mon Dieu, oui! répondit Bussy. Il

faut bien en passer par-là. La vie est ainsi faite, fou qui veut la changer. On commence par armer en guerre, on finit au coin du feu, les pieds dans ses pantoufles.

Là-dessus, il sortit, après lui avoir baisé poliment la main.

— Et nous devions nous aimer toujours! s'écria Marianna avec un sombre désespoir.

Cependant, entre les deux amans, la position devenait de jour en jour plus intolérable. Henry se cramponnait avec une inconcevable ténacité au cœur qu'il sentait près de lui échapper. Dans la sécurité de son bonheur, il s'était montré volontiers brave et fanfaron : dès qu'il entrevit qu'il pourrait être pris au mot, il devint pusillanime et lâche. Jamais homme n'abjura plus complètement, aux pieds d'une femme, orgueil et dignité. Marianna luttait encore; mais les paroles de Bussy lui revenaient sans cesse à l'esprit et l'obsédaient jusque dans son sommeil. Il est vrai qu'elle les repoussait avec indignation, mais un événement imprévu les lui fit accueillir avec plus de bienveillance.

M. Felquères mourut. Henry se trouva tout à coup à la tête d'une assez belle fortune. Bien qu'il n'eût pas à se louer de son père qui, d'ailleurs, n'avait jamais eu à se louer beaucoup de son fils, il le pleura sincèrement. Madame de Belnave ne lui manqua pas en cette circonstance; elle retrouva, pour le consoler, des tendresses depuis long-temps inusitées. Mais, au fond du cœur, elle éprouva une joie criminelle en voyant que ce jeune homme était riche et maître de sa destinée.

Quelque temps après la mort de M. Felquères, elle reçut de la province, par l'intermédiaire de Bussy, une lettre assez étrange. Un vieil oncle d'Henry la sommait de rendre son neveu aux devoirs qu'il oubliait pour elle.

La lettre était sévère, ridicule et touchante à la fois : Henry s'y nommait Renaud et madame de Belnave Armide; il y était même quelque peu question d'Hercule filant aux pieds d'Omphale. En des temps meilleurs, Marianna eût ri franchement du vieil oncle; elle le prit au sérieux, et s'irrita de la responsabilité qu'on faisait peser sur elle.

Elle caressa bientôt l'espoir de s'en affranchir. Long-temps encore elle résista; mais, au bout de ses forces et de son courage, sentant enfin qu'il n'était plus entre elle et lui, non seulement de bonheur, mais d'existence possible, harcelée d'ailleurs par Bussy, qui revenait sans cesse à la charge, elle l'appela un jour à son aide. George accourut.

— Eh bien! vous l'emportez, dit-elle. Mieux vaut en finir d'un seul coup que de prolonger un si rude martyre. Vous savez que s'il ne s'agissait que de moi, je ne demanderais ni grâce ni merci; mais c'est de lui qu'il s'agit à cette heure; il faut le sauver, sauvons-le! Mais, d'abord, répondez-moi de lui sur votre tête.

—Je réponds de lui sur ma tête, dit George.

— Vous me promettez de veiller sur ses jours, d'assister son désespoir, de panser ses blessures, d'être pour lui l'ami le plus dévoué, le plus tendre des frères?

— Je vous le promets, dit Bussy.

— Et vous lui parlerez de moi? ajouta-t-elle d'une voix profondément émue. Vous lui apprendrez à prononcer mon nom sans colère? vous l'empêcherez de me maudire?

— Je vous le jure.

— Dites, ah! dites-lui bien que je l'ai bien aimé et que je l'aime bien encore, s'écria-t-elle en pleurant. Dites-lui que j'aurais immolé ma vie avec joie pour lui donner un jour heureux. Dites-lui que je suis bien à plaindre, qu'il m'a fallu bien du courage, et que sa douleur fait envie à la mienne. Qu'il sache, ah! qu'il sache surtout que c'est en vue de son bonheur que j'accomplis ce sacrifice, dites-lui qu'il est jeune, qu'il guérira sans doute, et que moi, je n'ai plus qu'à mourir.

— Il saura tout cela, dit George.

— Et aussi que son souvenir me suivra partout, que jamais sa pensée ne sera étrangère à la mienne, qu'il aura, tant que je vivrai, une amie, une sœur, une mère.

— Je vous promets de lui dire tout ce qui se dit en pareille circonstance, ajouta Bussy, impatient de savoir où Marianna voulait en venir.

— A demain donc! s'écria-t-elle, le sort en est jeté, je partirai demain.

— Vous êtes un noble cœur, dit George complètement rassuré.

— Ah! taisez-vous! répondit-elle, je ne suis qu'une misérable comme vous.

Elle était décidée à partir le lendemain pour Vieilleville, domaine qu'elle avait apporté en dot à son mari, et que celui-ci lui avait restitué après leur séparation. Comme elle ne se sentait pas le courage d'affronter les fureurs d'Henry, ses larmes et son désespoir, il fut convenu que George s'emparerait du jeune homme durant tout le jour, et qu'il le tiendrait éloigné de la maison de Marianna, soin d'autant plus facile que Bussy, chargé des affaires d'Henry, avait avec lui, depuis la mort de M. Felquères, des conférences longues et fréquentes.

— Vous lui remettrez cette lettre, dit Marianna. Qu'il ignore où je vais ; mais n'oubliez pas que si ma présence était nécessaire ici, un mot de vous suffirait pour me faire accourir. Et maintenant, George, adieu! ajouta-t-elle. Nous avons fait tous deux beaucoup de mal. Puisse cet enfant me pardonner un jour, comme je vous pardonne à cette heure !

Le lendemain, George alla prendre Henry et lui proposa de venir passer, avec lui, la journée chez un de ses amis, à Aulnay, vallée chérie des poètes. Henry accepta d'abord, puis refusa obstinément. Il était pâle, languissant, et n'avait goût à aucune distraction.

— Viens, dit George, nous irons à cheval, nous nous promènerons dans le bois de Verrière. Le grand air et le mouvement te feront du bien. Vois quel doux soleil et quel beau jour d'automne !

— Le soleil m'ennuie, dit Henry d'une voix affaissée; les bois m'ennuient, tout m'ennuie.

— Voyons, ne te laisse pas abattre ainsi, comme une femme ! s'écria Bussy en lui secouant le bras. Sais-tu que tu es lâche ?

— Cela m'est bien égal, dit Henry d'un air indifférent.

A force d'insistances, George parvint à l'entraîner, non pas à Aulnay, Henry s'obstinait à ne point sortir de Paris, mais sur les quais et les boulevards. Il marchait d'un pas distrait, sans rien voir ni rien entendre autour de lui. George essaya vainement de le distraire et de donner le change à ses réflexions; c'est à peine s'il put lui arracher quelques paroles, à longs intervalles. Il le conduisit au tir, au manége, mais ces exercices ne le charmaient plus. Des jeunes gens, qui l'avaient connu quelque années auparavant, hésitèrent à le reconnaître. Vers le milieu du jour, il voulut se diriger vers la demeure de Marianna, mais George le guida dans un sens opposé. Il se prit à disserter longuement sur l'amour, comprenant bien que c'était le seul moyen de fixer l'attention de ce malheureux jeune homme. Henry parut l'écouter en effet avec un poignant intérêt. Épuisé par cette longue marche, il manifesta le désir de se reposer; mais Bussy, sous divers prétextes, continua de le tenir en action, dans l'espoir d'amortir en lui l'énergie de l'âme par la fatigue du corps. Enfin, Henry déclara impérieusement qu'il voulait aller chez Marianna.

— Auparavant, dit George, il faut que tu viennes chez moi, j'ai des lettres importantes à te communiquer, relativement à la succession de ton père.

— Vous savez, répondit Henry, que je n'entends rien à ces sortes d'affaires, et qu'il me répugne de m'en occuper.

— Viens, répliqua George en l'entraînant, j'ai besoin de ta signature.

Henry arriva harassé chez George. Il pouvait être quatre heures de l'après-midi.

— Voyons, dit le jeune homme en prenant une plume, que faut-il signer? hâtons-nous.

— Il faut préalablement, répondit Bussy, en tirant d'un cartonnier une liasse de papiers, que tu saches à quoi tu t'engages.

— C'est inutile, dit Henry avec impatience; j'ai pleine confiance en vous. Où faut-il signer, je vous prie?

— Du tout, du tout! s'écria George; ce n'est pas ainsi que se traitent les affaires.

— Lisez-donc, dit Henry avec humeur; je vous écoute; mais, pour Dieu! lisez vite.

George déclama d'une voix lente et accentuée un horrible grimoire, qu'il accompagna de réflexions et de commentaires à faire pâmer d'aise tous les loups cerviers de la chicane. Henry était au supplice.

— Est-ce tout? demanda-t-il en se levant, lorsque Bussy eut cessé de lire.

Cinq heures sonnaient en cet instant à Notre-Dame. Il y avait une heure que madame de Belnave avait dû quitter Paris. George se leva à son tour. C'était un homme qui allait droit au but, et dont la main, prompte et sûre, ne faisait pas languir sa victime.

— Non, ce n'est pas tout, dit-il d'un ton solennel. Henry, as-tu du courage?

De pâle qu'il était, le jeune homme devint livide.

— Je te demande si tu as du courage? répéta froidement Bussy.

Henry s'appuya contre le mur.

— Marianna est morte! dit-il.

— Morte pour toi, répliqua George, elle est partie.

Ce ne fut pas un cri, mais un rugissement qui sortit de la poitrine d'Henry. Il se jeta sur la porte, renversa George qui cherchait à le retenir, et se précipita dans la rue. Il n'avait pas de chapeau; ses yeux étaient hagards; ses cheveux volaient au vent; ses pieds brûlaient le pavé. De la demeure de George à celle de Marianna, il ne fit qu'un bond. Arrivé dans la cour de l'hôtel, il vit une chaise attelée de trois chevaux ; le postillon était en selle. Il escalada en deux sauts l'appartement de madame de Belnave. Il trouva Mariette dans l'antichambre.

— Mariette, dit-il pour éloigner tout soupçon, j'ai de longs adieux à faire à votre maîtresse. Prévenez le postillon ; on paiera, s'il le faut, triple poste.

Il entra dans le salon; tout s'y ressentait du désordre d'un départ précipité. Marianna était près d'en sortir. Effrayée de le voir fermer la porte à double tour, elle voulut s'élancer sur le cordon de la sonnette. Mais Henry la prévint. Il l'arrêta d'une main, et, prenant de l'autre des ciseaux oubliés sur la cheminée, il trancha d'un seul coup le cordon, qui tomba sur le tapis, comme le tronçon d'un reptile. Marianna s'était assise; il s'approcha

CHAPITRE IX.

d'elle, dénoua froidement les rubans de sa capote de voyage, qu'il jeta sur un meuble; puis, s'appuyant contre la cheminée, pâle, le visage défait, les bras croisés sur sa poitrine, il la regarda en silence.

X.

— Ecoute-moi, dit-il enfin, et, quand j'aurai parlé, tu seras juge dans ta propre cause. Il ne te sera fait exactement que ce que tu croiras avoir mérité. Je crois, moi, que tu as mérité de mourir, et je suis venu pour te tuer.

Mais si tu en décides autrement, tu vivras. Ecoute donc, et sois calme, car tu partiras, je te le jure; seulement le voyage sera plus ou moins long, voilà tout.

— Tuez-moi tout de suite, je ne demande pas mieux, s'écria-t-elle.

— Non, dit Henry, il faut d'abord que tu m'écoutes. — Je ne pense pas qu'il y ait au monde une créature plus ingrate que toi envers la destinée; je ne crois pas qu'il soit sur terre un être qui ait renié plus d'affections sacrées que tu n'en as renié; tu vas en juger. Tu avais une sœur, une sœur adorable, un ange de grâce et de vertu, une âme toute divine; je ne sais même pas comment tu as jamais osé me parler d'elle; quand tu me parlais d'elle, je rougissais pour toi. Elle t'aimait, comme la mère la plus tendre peut aimer une fille adorée; tu étais sa joie, son orgueil, sa sollicitude; elle eût donné sa vie pour ménager la tienne. Cette sœur que je t'enviais, cette âme céleste qui ne vivait qu'en toi, tu l'as quittée. Tu avais un époux, noble esprit, noble cœur, honneur intact, probité sainte; toi-même ne parles de lui qu'avec respect et vénération. Il avait mis en toi tout son espoir. Il n'est pas une femme qui n'eût été heureuse et fière de porter le nom de cet homme et de s'appuyer sur son bras; tu l'as quitté. Pour qui ? pour des gens qui ne sont pas dignes de lui serrer la main : pour un Bussy et pour un enfant! Tu avais un intérieur charmant où tu régnais en souveraine, où chacun n'avait d'autre soin que de sourire à tes caprices. Tu avais des amis dévoués; autour de toi s'empressaient des serviteurs soumis et fidèles; un rayon de tes yeux, un sourire de tes lèvres faisait le soleil à Blanfort. Tu n'as eu pitié de rien : sœur, époux, frère, amis, patrie, tu as tout quitté! Dieu, en te privant du bonheur d'être mère, a voulu t'épargner un crime. Remercie-le de ne t'avoir point donné d'enfans : tu les aurais quittés.

— Vous outragez une femme, s'écria madame de Belnave.

— Tu n'es pas une femme, dit Henry, tu n'es rien du tout. Dieu, pour l'éternel malheur de ceux qu'il a jetés sur ta route, t'a douée de quelque imagination et de quelque beauté; mais tu n'as ni cœur ni âme. Quel homme, je te le demande, voudrait voir en toi sa fille ou sa sœur, sa mère ou son épouse? Je te défie d'en trouver un seul. Une chose te restait, qui pouvait au besoin te justifier et t'absoudre. C'était l'amour. Eh bien! tu as failli à la passion comme au devoir. Tu as été mauvaise amante.

— Tuez-moi donc! qu'attendez-vous? dit-elle.

— J'attends que nous ayions réglé nos

comptes. — Je ne te parle pas de moi, mais dis si je ne t'ai pas bien aimée! dis si ma tendresse a reculé devant aucun sacrifice! Mobile dans ses impressions, mais immuable dans son essence, dis si l'amour que j'avais pour toi n'était pas le véritable amour! A cette heure encore, tu n'oserais affirmer que je ne t'aime pas. Toi, m'as-tu fait assez souffrir? M'as-tu assez abreuvé de fiel? Ai-je assez maudit le jour où je t'arrachai à la mort? ai-je assez regretté que la vague ne nous eût pas engloutis et roulés tous deux sur la grève! Maudite aussi la nuit où tu t'acquittas de ce funeste bienfait! Maudite surtout l'heure où je te vis pour la première fois! Car, il faut que je te le dise, depuis que je te connais, je n'ai pas eu un instant de bonheur. Le jour où je te vis pour la première fois, — je n'avais pas vingt-ans, — fut le dernier de ma jeunesse. Ton premier regard me troubla, et dès-lors ce fut fini dans mon âme de tout repos et de toute sérénité. Tu t'es étonnée parfois de me voir brusque, colère, irritable; mais tu ne savais pas ce qui se passait dans ce cœur, tu ne savais pas que ces emportemens qui t'épouvantaient n'étaient que des échos affaiblis des tempêtes qui le ravageaient. Non, tu ne sais pas ce que j'ai souffert, tu ne t'en doutes même pas! et, quand je dis que je ne te dois pas un instant de bonheur, ce n'est ni vengeance, ni ingratitude, mais une affreuse vérité. Non, pas un instant de bonheur! Il n'est pas un instant où je n'aie senti la jalousie du passé me ronger le sein, et se glisser, comme un serpent, sous tes caresses; je n'ai pas pris un baiser sur tes lèvres sans y trouver la trace des baisers de Bussy. Tes yeux avaient eu pour un autre les mêmes regards, ta bouche les mêmes paroles, tes bras les mêmes étreintes; quand tu me jurais un amour éternel, je voyais le fantôme de ton premier amour qui se raillait de ma crédulité. Et puis, te le dirai-je? Tu m'avais parlé de ta sœur et de ton mari. Je les vengeais sans y songer; j'avais beau t'aimer, je ne t'estimais pas. Ah! tu m'as fait une félicité bien amère! Quand, après avoir essuyé tes larmes, celles que George faisait couler, j'allais, par les nuits sombres, déchirant ma poitrine, insultant à ma destinée, je souffrais moins que je n'ai souffert depuis dans ton amour. Il y a eu des jours où, sortant de tes bras, brûlant encore de ton ivresse, je me suis sauvé pour te cacher mes pleurs. Il y a eu d'horribles momens où j'ai voulu t'ouvrir le sein et y fouiller pour en arracher l'image de ton premier culte. Cette image me poursuivait partout, je la sentais toujours entre ton cœur et le mien. Va, s'il eût été possible d'anéantir son souvenir avec sa personne, il y a long-temps que cet homme ne vivrait plus! Je ne te disais pas tout cela, je n'osais pas, je craignais de te décourager; je voulais te laisser croire à mon bonheur.

— Si vous me croyiez plus heureuse, nous nous trompions tous deux, dit-elle.

— Mais je ne te quittais pas, moi! s'écria-t-il; mais je t'aimais dans ma douleur! Pour t'aimer, je n'avais pas besoin d'être heureux! Je t'aimais sans me demander s'il était un sort plus beau, sans espérer des jours meilleurs. Je t'aimais, je t'aimais enfin! Je me disais que ton amour ne pouvait se payer trop cher, et que pour le mériter je pouvais bien souffrir un peu! Et je souffrais en te bénissant, et je te glorifiais dans mes larmes! Toi, cependant, tu nourrissais des projets de fuite et d'abandon; tu voulais partir, tu partais! Tu partais lâchement, furtivement, sans rien dire, comme une criminelle! Vois-tu, il faut que tu sois folle pour avoir pu croire un instant que je te laisserais faire! Tu pouvais bien me tromper un jour, mais tu ne m'aurais point échappée; je serais allé te chercher jusqu'au bout du monde! Ah! tu partais! ah! tu me délaissais! Cet amour t'ennuyait, il te fallait des distractions nouvelles! tu pensais que lorsqu'on est las d'un cœur et qu'on a pris de lui ce qu'on voulait en prendre, il ne reste plus qu'à fermer ses malles, et que tout est dit! Tu croyais qu'on peut ainsi jouer impunément avec la vie d'un homme! Non pas, s'il te plaît! Ce serait vraiment trop commode.

— Mais tuez-moi donc! mais tuez-moi donc! vous perdez votre temps, dit-elle.

Exaspérée par ce sang-froid, la fureur d'Henry ne connut plus de bornes. Il sauta sur un poignard qui pendait à la tenture, près de l'encadrement de la glace. C'était un poignard malais, qui se trouvait là, comme objet de curiosité; le manche en était bizarre, la lame ressemblait à une blessure. Henry l'arracha de la gaîne, et, plongeant sa main gauche dans les cheveux de Marianna :

—Allons! s'écria-t-il; de toute façon, ce ne peut-être qu'une bonne œuvre. Je te connais; après moi, tu en ferais souffrir bien d'autres! tu n'es pas femme à t'arrêter en si bon chemin.

Il leva la main pour frapper. Quand elle vit cette lame terrible qui flamboyait au-dessus d'elle, madame de Belnave poussa un cri perçant et voulut s'échapper. Mais Henry la tenait par les cheveux qu'il avait enroulés autour de son poignet. Elle tomba à genoux, les yeux tournés vers l'arme qui la menaçait, épouvantée, mais non suppliante.

— Avant de mourir, dit-elle, je voudrais écrire à ma sœur.

La main armée d'Henry s'abaissa. Ils n'avaient entendu ni l'un ni l'autre la voix de

Bussy qui retentissait depuis plusieurs instans en dehors du salon. Tout-à-coup la porte, enlevée de ses gonds, s'ouvrit avec fracas, et George se précipita dans la chambre. Tous trois restèrent silencieux, frappés de la même pensée. C'était la seconde fois qu'ils assistaient ensemble au dénoûment d'un pareil drame. Les personnages étaient les mêmes; seulement les rôles étaient changés.

— Qu'est-ce que cela signifie? dit enfin Bussy en prenant dans sa main la main armée d'Henry.

— Cela signifie, répondit le jeune homme, que je veux la tuer, et me tuer ensuite! Et peut-être ferais-je bien de commencer par toi; ajouta-t-il en le regardant d'un œil fauve.

— Allons donc! dit George en le désarmant, vous êtes fou.

Sans s'expliquer pourquoi, Henry subit cette influence. Il se jeta sur un divan, et sa fureur s'abattit en larmes et en sanglots. Marianna pleurait de son côté et se tordait les bras; forte contre la colère de son amant, elle se trouvait lâche en présence de sa douleur. George les contemplait tous deux.

— Henry, s'écria madame de Belnave, je ne partais que pour vous sauver. Dieu m'est témoin, et George aussi, que ce n'était pas vous que je sacrifiais en partant. Eh bien! dites un mot, je reste.

Elle voulut s'élancer vers lui; mais George la repoussa, et s'approchant d'Henry:

— Ce mot, tu ne le diras pas. Tu ne seras pas moins fort que cette faible femme, tu auras le courage d'accomplir pour elle ce qu'elle voulait accomplir pour toi.

— Va-t-en! s'écria Henry; Marianna, ne l'écoute pas. Il est jaloux de ton bonheur et du mien.

— Jaloux de votre bonheur? dit tristement

Bussy; tu ne le penses pas! Va, je le connais ce bonheur, je l'ai vidé jusqu'à la lie.

— Va-t-en! répéta Henry : c'est toi, monstre, qui m'as perdu!

— C'est pour cela que je veux te sauver, et je te sauverai, dussé-je déchirer ton cœur et le mettre en lambeaux! Henry, Marianna ne t'aime plus.

— Il ment, cria Marianna, je vous aime!

— Elle ne t'aime plus, te dis-je.

— Qui donc me trompe de vous deux? dit Henry.

— C'est elle! répliqua George. Et ne le sens-tu pas? est-il besoin que je te le dise? faut-il encore que sa pitié t'abuse? C'est elle qu'il faut plaindre, c'est sur elle qu'il faut pleurer! Tu as lassé ce cœur comme elle avait lassé le mien. C'est elle qui l'a dit : elle est Bussy et tu es Marianna! souffre donc ce qu'elle a souffert, ce que j'ai souffert avant vous deux.

Ce que je lui disais autrefois, je te le répète, hélas! Tu sentiras un jour combien les turbulentes ardeurs d'un cœur jeune et rempli d'orages, sont importunes au cœur fatigué qui n'aspire plus qu'au repos. Et peut-être alors lui pardonneras-tu, peut-être essaieras-tu un retour moins sévère sur ces jours abreuvés de tes larmes! on t'enseignera l'indulgence.

— Va-t-en! s'écria Henry, porte ailleurs tes hideuses maximes, porte au bagne la dépravation de ton âme!

La tête cachée dans ses mains, Marianna pleurait à chaudes larmes.

— O mon enfant! s'écria George d'une voix attendrie, ô mon cher enfant, tu souffres bien sans doute, mais que serait-ce, hélas! si elle t'eût abandonné pour un autre? que serait-ce, grand Dieu! si tu voyais ton amante infidèle porter à un rival ses caresses et ses baisers! Moi, qui te parle, Henry, j'ai suivi à pied, au pas de course, la voiture qui conduisait ma maîtresse adorée dans les bras d'un rival heureux. Et je ne l'ai pas tuée, pourtant! je l'ai vue franchir le seuil de l'homme qui me volait ma vie, et je ne l'ai pas tuée, et je ne suis pas mort, et, de quelque douleur qu'elle m'ait abreuvé, je lui ai pardonné plus tard. Tu pardonneras à ton tour. Le pardon te sera facile. C'est une noble créature! séparée de toi, elle aura ta mémoire en honneur et en vénération. Ce n'est pas elle qui te livrera à la haine des méchans et au mépris des sots! Elle dira ton amour, elle cachera tes faiblesses. Elle dira que tu étais un tendre cœur et que tu méritais une destinée plus belle. Elle ne t'accusera pas pour s'absoudre, et, si l'on t'accuse près d'elle, s'il se trouve des misérables qui cherchent à ternir ton image à ses yeux, elle répondra qu'elle te connaît bien et que la calomnie est lâche. Elle ne détachera pas de toi tes amis, mais elle les priera au contraire de redoubler autour de toi de tendresse et de vigilance. Elle veillera de loin sur ta tête toujours chérie, et toi-même, un jour, orgueilleux du passé, tu garderas le souvenir de son amour, comme une perle dans ton cœur, tu le porteras comme une couronne invisible à ton front.

George s'interrompit un instant ; on n'entendait que les sanglots d'Henry et de Marianna. Il allait de l'un à l'autre, leur prenant les mains, essuyant leurs larmes, s'efforçant de les consoler et de les fortifier contre eux-mêmes.

— O mes amis, disait-il, vous me croyez mauvais et cruel ; vous m'appelez une âme endurcie. O mes amis, voyez, je pleure, comme un enfant, avec vous. Tout mon crime est de savoir la vie. Henry, mon ami, mon frère, toi que ta mère me confia au lit de la mort !

Marianna, ma sœur, croyez ma triste expérience! Quittez-vous noblement, il en est temps encore! N'attendez pas que votre amour soit à jamais flétri et souillé. Ainsi que je le disais autrefois, préparez un champ à vos souvenirs. Que vous puissiez vous retrouver un jour! que vous puissiez, un jour, vous rencontrer sans haine et sans mépris! qu'il vous soit permis, après les liens rompus, d'échanger des regards bienveillans et de douces paroles!

Henry ne pleurait plus. Après un long silence, il se leva, calme et grave, et s'avança vers Marianna.

— Puisqu'il est vrai que vous ne m'aimez plus, lui dit-il, vous êtes libre. Pardonnez-moi le mal que je vous ai fait, comme je vous pardonne celui que j'ai souffert à cause de vous.

— Viens, viens sur mon cœur, s'écria George en le pressant entre ses bras.

— Je vous aime, dit Marianna, sans lever la tête. Quittez-moi, gardez-moi, ma vie est toute à vous.

— Non, dit Henry, partez, et que mon souvenir ne vous soit pas trop amer.

George les attira tous deux sur sa poitrine et les tint long-temps l'un l'autre embrassés. Long-temps on n'entendit que des cris et des mots étouffés. Bussy mit fin à cette scène déchirante; après avoir confié madame de Belnave aux soins de Mariette, il entraîna son malheureux ami.

Henry suivit George d'un pas presqu'assuré. Mais, lorsqu'il fut rentré dans sa chambre, à la vue de ces murs qui lui rappelèrent des souvenirs d'un bonheur perdu sans retour, il se jeta sur son lit, et, se tordant avec désespoir, s'arrachant les cheveux et se frappant le visage:

—Marianna! Marianna! ma chère Marianna! s'écria-t-il.

George se tenait au chevet, debout, silencieux, immobile. Contemplait-il cette douleur d'un regard de pitié ou d'envie? c'est ce que nul ne saurait dire.

XI.

Ce triste voyage dura-t-il un jour ou un siècle? Madame de Belnave demeura, pendant toute la route, silencieuse, immobile, anéantie, l'œil morne, attaché sur le ruban poudreux qui se déroulait devant elle. Elle traversa ainsi les sables de la Sologne et les champs du Berry, sans chercher à se rendre compte du motif ni du but de sa fuite, sans se demander où sa course s'arrêterait. Que s'était-il passé? Où allait-elle? L'infortunée ne le savait plus. Elle avait perdu jusqu'au sentiment de son désespoir. Elle écoutait d'un air stupide le roulement des roues, et comptait d'un regard distrait les arbres qui fuyaient sur le bord du chemin. Elle franchit, sans y prendre garde, la limite qui sépare le Berry de la Creuse; mais à peine, pour gagner Vieilleville, la voiture eut-elle pénétré dans les terres, Marianna reconnut le sol natal au parfum qui s'en exhalait, à ce parfum que nul ne saurait dire, qu'on ne respire jamais sur la terre étrangère, et qui n'a pas d'autre nom que le parfum de la patrie. Sa poitrine, se gonflant avec volupté, aspira l'air tout imprégné des âpres senteurs du genêt et de la bruyère.

C'était par une belle matinée. Le soleil dépouillait de leur manteau de brume les montagnes bleues de l'horizon. Les oiseaux secouaient leurs ailes humides de rosée; les cailles chantaient dans les sillons de blé noir, la bergeronnette se balançait sur le bord des étangs perdus au milieu des ajoncs. Déjà la nature était prise de cette vague mélancolie qui précède la fin des beaux jours. De longs bataillons de grues filaient dans l'azur voilé du ciel; les corbeaux s'abattaient dans les landes; les feuilles desséchées se détachaient des branches, et le vent, en les dispersant, en tirait de confuses harmonies, pleines de deuil et de tristesse. La voiture roulait entre deux haies de houx et de sorbiers. Bientôt madame de Belnave reconnut les sites au milieu desquels s'était écoulée son enfance. Vers le soir, comme le soleil se cachait lentement derrière les grands bois de chênes, elle aperçut les tourelles de Vieilleville qui se dessinaient sur le fond rouillé du feuillage. A cet aspect, son âme se troubla. Elle descendit de voiture et se fit précéder au château par Mariette. Elle avait besoin de recueillement; elle tenait d'ailleurs à n'arriver qu'à la nuit, désireuse qu'elle était de n'être reconnue de personne et d'échapper ainsi aux commentaires de la veillée. Prudence inutile, hélas! A cette démarche brisée, à ces traits fatigués, à ce front chargé d'ennui, à ces yeux brûlés par les pleurs, qui donc aurait pu reconnaître la joyeuse fille qui rayonnait autrefois de beauté, de grâces et de jeunesse, et que chacun admirait en passant.

Elle s'avançait à pas lents. Les troupeaux revenaient des pacages; les ombres descendaient dans la vallée. Chaque mélodie du soir, chaque accident du paysage réveillait en elle un souvenir de ses jeunes années. Au détour du sentier, de ce sentier qu'elle avait tant de fois parcouru d'un pied folâtre ou rêveur, elle reconnut la croix rustique devant laquelle, tout enfant, elle s'agenouillait avec sa sœur : car ce pays a conservé, comme la Bretagne, les traditions religieuses, et les croix de pierre jetées aux carrefours des chemins y voient encore des fronts qui se découvrent et des genoux qui ploient. Non loin de là, s'étendait le cimetière du hameau. Elle pénétra dans l'enceinte. Sa mère, enlevée à la fleur de l'âge, et son aïeule y reposaient. Elle envia leur repos, et pria sur leurs tombes. Lorsque la nuit eut achevé d'assombrir le vallon, madame de Belnave s'achemina vers son manoir. L'air était doux et le ciel étoilé; chaque famille était sur le pas de la porte. Les femmes filaient leurs quenouilles de chanvre; les hommes se délassaient des travaux du jour; les enfans, troupe bruyante, remplissaient le village de leurs cris. Marianna glissa, comme une ombre, la tête baissée et le cœur plein de honte. Qu'était devenu le temps où tout le hameau l'accueillait au passage et lui faisait fête! La passion l'avait isolée du monde entier, et madame de Belnave passait, comme une étrangère, dans ces lieux où toutes les mères l'avaient appelée leur enfant.

Elle resta long-temps à la porte de sa demeure, sans oser en franchir le seuil. Le vent de la nuit sifflait tristement dans les tourelles; les chouettes et les orfraies mêlaient leurs cris sinistres aux grincemens de la girouette. Elle sentit ses jambes fléchir, et elle fut obligée de s'asseoir sur un banc. Son vieux chien s'approcha d'elle, la reconnut et lui lécha les pieds et les mains, en poussant des hurlemens de joie. A ces cris, Mariette accourut avec sa mère. Elles trouvèrent Marianna qui pleurait à chaudes larmes. Elles l'entraînèrent dans la chambre qu'elle avait toujours habitée jusqu'à son départ pour Blanfort. La disposition en était la même qu'aux anciens jours. Le bénitier et le rameau de buis pendaient encore dans le fond du lit, entre un Christ d'ivoire et une image de la Vierge. Un grand feu brûlait dans la cheminée et jetait sur tous les objets une vive clarté.

Marianna promena autour d'elle un douloureux regard, et, se laissant tomber dans une bergère, elle resta long-temps livrée à l'amertume de ses réflexions. Comme pour en épuiser le calice, elle voulut revoir les lieux où elle avait semé les rêves de son printemps. Après avoir visité la chambre de Noëmi et celle de sa grand'mère, elle descendit l'allée en pente du jardin et s'arrêta sur le bord de la Creuse. Elle se prit à contempler ces eaux pures et transparentes, et, se reportant aux jours où sa vie promettait de couler limpide comme elles, elle s'abandonna au courant de ses souvenirs. Ceux qui n'ont jamais quitté le toit sous lequel ils sont nés ne peuvent pas comprendre ce qu'il y a de poignant à revenir ainsi, brisé par de longues traverses, au port d'où l'on était parti, rempli d'ardeur et d'espérance.

Le lendemain, quand Marianna s'éveilla dans ce lit virginal, où elle avait dormi pendant seize ans du sommeil des anges; quand elle ouvrit les yeux, et qu'aux rayons d'un soleil éclatant, elle rencontra le céleste sourire de la Vierge et le regard triste et doux que le Christ abaissait sur elle; dans cet état qui n'est ni la veille, ni le sommeil, crépuscule de l'âme où la pensée flotte indécise, elle crut qu'elle avait seize ans, qu'elle n'avait jamais quitté Vieilleville, que tout le reste était un rêve; et, refermant ses yeux éblouis, elle se laissa bercer par ce mensonge du réveil. Les oiseaux gazouillaient sous sa fenêtre; elle entendait le caquetage du moulin, le bêlement des troupeaux, le chant des bergères qui chantaient des airs du pays. Il lui semblait qu'à chaque instant Noëmi allait entrer, et, pour la punir de sa paresse, lui jeter follement au visage une poignée de fleurs, tout emperlées de la rosée du matin. Cependant, à ces riantes pensées, se mêlait une sombre inquiétude; elle sentait gronder sourdement la conscience de sa destinée; un lourd pressentiment pesait sur ces illusions, comme une atmosphère orageuse. Tout à coup, ce pressentiment éclata en une horrible certitude, et la réalité, fondant comme un vautour, sur madame de Belnave, lui enfonça ses ongles de fer rouge dans le sein. La malheureuse poussa un cri déchirant et s'arracha les cheveux avec désespoir. Tout son passé venait de se dresser devant elle. C'était M. de Belnave, qui détournait, pour ne pas la voir, son visage froid et sévère. C'était Bussy qui la foulait aux pieds; c'était le spectre d'Henry qui se levait pour la maudire. Et vainement elle essayait de repousser ces lugubres images. Ils étaient là tous trois! l'un l'appelait mauvaise épouse, l'autre, mauvaise amante. Le moins cruel des trois était George qui la repoussait. Que lui restait-il? elle avait également failli au devoir et à la passion. La passion, à laquelle elle avait tout sacrifié, était morte en elle. Elle avait joué toute sa vie sur un seul sentiment, ce sentiment lui échappait. Elle avait passé par les deux grandes épreuves de l'amour. Elle avait rendu tout le mal qu'elle avait souffert. Que lui restait-il en effet?

Le lendemain de son arrivée, madame de Belnave remarqua avec étonnement que sa chambre était fraîchement décorée, comme si l'heure de son retour eût été depuis long-temps prévue. Les rideaux étaient éblouissans de blancheur. Les livres qu'elle aimait, son piano, ses palettes, qui l'avaient suivie à Blanfort après son mariage, se retrouvaient là comme par magie. Des touffes de dahlias, récemment cueillis, s'épanouissaient sur la cheminée, dans des vases de porcelaine. Le parquet était couvert d'un tapis d'Aubusson, luxe inconnu jusqu'alors à Vieilleville. Tout ce qui peut contribuer au bien-être avait été réuni là par une main mystérieuse. Marianna parcourut le jardin qu'elle n'avait entrevu, la veille, qu'à la clarté des étoiles. Toutes les parties en étaient entretenues avec un soin minutieux. Elle retrouva, plus riche et plus luxuriant qu'elle ne l'avait laissé, le parterre où croissaient ses fleurs de prédilection. Les dahlias et les géranium s'y étalaient dans toute leur gloire. Les violettes et le thym parfumaient le bord des allées. Il semblait que ces lieux n'avaient pas cessé un seul instant d'être habités ; comme autrefois, tout y respirait l'ordre, le bonheur et la vie. Marianna seule avait changé : l'éternelle jeunesse de la nature lui rendit plus amer encore le dépérissement de son cœur. Elle eût préféré trouver des ronces à la place des fleurs, l'herbe poussant dans les allées, et partout, comme dans son âme, la désolation, la tristesse et l'ennui.

En revenant au château, elle aperçut dans la cour un cheval qu'on ramenait de l'abreuvoir. Elle reconnut l'alezan qu'elle montait à Blanfort, et, s'étant approchée, elle le flatta de la main. Le noble animal battit le pavé, releva la tête avec orgueil et fit entendre un hennissement. Ses oreilles s'étaient dressées, ses naseaux fumaient, ses yeux jetaient des flammes.

CHAPITRE XI.

— Tu es toujours jeune, toi! dit-elle; et elle s'éloigna lentement.

Le soir, à la veillée, madame de Belnave questionna la mère de Mariette. La bonne femme raconta qu'un matin, il y avait bien long-temps de cela, M. de Belnave était arrivé à Vieilleville, et qu'il avait donné des ordres pour que le château fût tenu, absolument comme si chaque jour devait y ramener Madame. M. de Belnave était revenu souvent pour s'assurer que ses ordres étaient fidèlement exécutés. Il avait envoyé un jardinier de Blanfort, et veillé lui-même à ce que Madame ne manquât de rien à son retour. Une fois, il était accompagné de madame Valtone. Noëmi avait beaucoup pleuré dans la chambre de sa sœur, et l'on s'était aperçu que, de son côté, M. de Belnave avait été bien près d'en faire autant.

— Mais vous pleurez aussi, madame! dit la bonne femme en s'interrompant.

—Non, répondit Marianna, en essuyant ses yeux.

La mère de Mariette poursuivit son récit.

— C'est au milieu du dernier hiver que Monsieur nous a visités, pour la dernière fois, dit-elle. Toutes les fois que Monsieur vient, les malheureux s'en aperçoivent, car c'est lui qui leur fait passer les bienfaits de Madame.

— Mes bienfaits! dit Marianna en rougissant; dans l'étourdissement de la passion, elle avait complétement oublié les pauvres de son domaine.

— Oh! madame, dit la vieille en lui prenant une main qu'elle baisa avec adoration, vous êtes bénie au village. Vous êtes comme le bon Dieu, qui ne se montre pas, mais qui envoie à nos champs le soleil, la pluie et la rosée. Vous êtes bonne comme lui, madame, et nous l'implorons pour vous à la messe.

Est-il une seule de nos misères que votre pitié n'ait soulagée? Nous avons eu de rudes hivers, mais votre bois et votre pain sont allés chercher les indigens, et le château s'est ouvert à toutes les infortunes. Aussi assure-t-on que l'âme de votre grand'mère a passé dans la vôtre. Votre mari, en répandant vos charités, nous disait de prier pour vous. Hélas! puisque vous voilà si changée, c'est que toutes les prières n'arrivent pas jusqu'au ciel.

— Vous disiez, bonne femme, interrompit Marianna visiblement émue, vous disiez que M. de Belnave visita Vieilleville, au milieu du dernier hiver. L'hiver était rude en effet, ajouta-t-elle en secouant tristement la tête.

—Monsieur arriva par une sombre soirée de décembre; son manteau était couvert de neige, et des glaçons pendait à la crinière de son cheval. Vous qui nous l'envoyez, madame, vous savez bien que Monsieur vient, chaque année, à la même époque.

— Chaque année, à la même époque? répéta madame de Belnave.

— Oui, madame. Il arrive le soir, visite le château, et, après s'être assuré que tout est prêt pour vous recevoir, il se fait allumer un grand feu dans votre chambre, et il passe la nuit dans ce fauteuil, où vous êtes assise. Plus d'une fois, le lendemain, on a trouvé dans le jardin la marque de ses pas sur la neige. Le jour suivant, avant son départ, il se rend au presbytère et il dit au curé : — Monsieur le curé, voilà ce que madame de Belnave envoie aux pauvres de son village. La première fois, il ajouta : — Obligée d'habiter Paris pour rétablir sa santé qui a beaucoup souffert, madame de Belnave ne veut pas que les indigens de ses domaines s'aperçoivent de son éloignement et pâtissent de son absence. — Depuis, lorsqu'on lui a demandé de vos nouvelles, sa figure est devenue plus sombre et son silence nous a fait comprendre que vous n'alliez pas mieux, pauvre âme ! On voit bien que c'est là le chagrin de sa vie : c'est aussi le nôtre, madame. A sa dernière visite, Monsieur était plus sombre qu'aux années précédentes, et personne ici n'osa d'interroger. Comme d'habitude, il déposa votre offrande au presbytère. C'était un dimanche; son cheval l'attendait tout sellé à la porte; il sauta dessus et partit au galop, emportant pour vous les bénédictions du hameau.

— O cœur généreux, ô trois fois noble cœur! se disait Marianna, en écoutant ces paroles, c'est donc ainsi que tu te venges ! tu as prévu qu'un jour je porterais la peine de mes fautes, et tu m'as préparé un refuge contre la jutice du ciel. Tu m'as gardé une patrie. Après l'avoir ensemencée de bienfaits, tu m'en as abandonné la moisson; tu as voulu qu'il me restât un coin de terre amie. Les devoirs que je négligais, tu les accomplissais pour moi, et tu m'en réservais la gloire. Pendant que j'outrageais ton nom, tu faisais adorer le mien. Pendant que je te délaissais, tu adoucissais d'avance la route de mon exil; ta main en écartait les ronces, et tu creusais sur mon passage des sources de bienveillance et d'amour. Ah! si tu pouvais voir ce qui se passe dans mon âme, tu te trouverais bien vengé!

Au bout de quelques jours, madame de Belnave put s'assurer par elle-même de tout le bien qui s'était fait en son intention, et à à son insu. Le bruit de son arrivée s'étant répandu dans le village, les habitans accoururent et demandèrent leur jeune maîtresse. Tous, ou presque tous, l'avaient vue naître et grandir. Quand elle parut dans la cour, pâle, amaigrie et si différente de ce qu'elle était autrefois, un murmure de douloureux étonnement s'éleva, et on eut peine à la reconnaître; cependant, chacun s'empressa autour d'elle, et tous se disputèrent ses mains. Il se trouva des femmes qui baisèrent le pan de sa robe.

— Restez parmi nous, disaient-elles, c'est parmi nous que vous êtes née. La vue de nos montagnes vous fera du bien, l'air du pays vous rendra la santé. Que vous voilà triste et changée! mais nous vous guérirons, chère âme!

Et il y en avait qui lui disaient : — Vous avez, pendant trois hivers, vêtu et nourri nos enfans. Que Dieu vous donne la joie du cœur!

Et d'autres : — Deux ans de suite la grêle a ruiné nos guérets; mais quand Dieu nous a manqué, vous êtes venue à notre aide. Que le Seigneur vous rende ce que vous avez fait pour nous!

Une jeune paysanne lui dit : — J'étais pauvre, vous m'avez dotée et j'ai pu épouser mon fiancé. Nous nous aimons et nous avons deux filles : l'une s'appelle Marie et l'autre Anne. Que le ciel maintienne le bonheur dans votre maison !

En recevant ces témoignages d'une reconnaissance usurpée, madame de Belnave se sentait mourir de honte. Mais elle se disait, en même temps, qu'il eût été bien doux de l'avoir méritée. Elle commençait à comprendre qu'en dehors de la passion, il reste encore de beaux rôles à la femme, et que tout ce qu'il y a de grand, de noble et d'élevé ne se réduit pas à l'amour.

XII.

Cependant madame de Belnave endurait un mal sans relâche. Elle souffrait sans paix ni trêve, et le souvenir d'Henry flambait, comme un brûlot, à son sein. Ce n'était plus la douleur de l'amour délaissé, cette enivrante douleur qui ne veut pas être consolée, où l'âme se plonge avidement et se repaît avec volupté. Ce n'était plus ce précieux mal qu'autrefois elle avait caché comme un trésor, sur les dunes de l'Océan. Ah! ç'avait été une noble et belle souffrance; la souffrance d'un cœur jeune et vivace, richement doué pour le bonheur. Elle croyait à l'amour, alors; elle avait foi en elle-même. Le remords n'empoisonnait pas la source de ses larmes; son martyre la grandissait à ses propres yeux. Elle aimait ses tortures, et voulait en mourir. Cette fois, c'était un mal odieux, un désespoir terne, une douleur maudite et détestée. Ce n'était plus son sang qui coulait, ni ses pleurs; mais les pleurs et le sang qu'elle faisait couler tombaient, comme du plomb bouillant, sur elle. Le jour, elle rencontrait partout l'image éplorée de son amant. La nuit, elle croyait entendre des sanglots dans les sifflemens de la bise. Ses jours étaient sans repos et ses nuits sans sommeil. Quand parfois, domptée par la fatigue, elle parvenait à s'endormir, des rêves affreux s'abattaient à son chevet. Lui! c'était toujours lui, pâle, menaçant, terrible!

Elle se tordait sur son lit, et se roulait aux pieds du fantôme irrité, en poussant des cris lamentables. — Assez, Henry! assez! grâce! pitié! Henry, disait-elle. — De la pitié! s'écriait-il; en avais-tu pour moi, lorsque, misérable insensé, j'embrassais tes genoux, et que ton œil d'airain contemplait, sans se fondre, mon indigne faiblesse? En avais-tu de la pitié, quand tu me voyais dans la poussière, attendant vainement que ta bouche laissât tomber sur moi une parole de tendresse, ton regard un rayon d'espoir? Réponds, en avais-tu, quand je te quittais avec la mort dans l'âme, et que j'allais, déchirant ma poitrine, et blasphémant les flancs qui m'ont porté?

Enfin, est-ce par pitié que tu as fui lâchement, et que tu m'as abandonné dans l'abîme où tu m'as plongé? Mais tu ne m'échapperas pas. Comme toi inexorable, impitoyable comme toi, je m'acharnerai sur tes traces; je te suivrai partout; partout, tu me retrouveras!

Alors, s'éveillant en sursaut, elle s'élançait de son lit, et, le visage en sueur, la tête échevelée, elle courait au jardin, et, comme une folle, elle en parcourait les allées. Mais le spectre d'Henry la poursuivait encore. Elle l'entendait gémir dans le murmure de l'onde et dans le bruit du vent. Les feuilles qui tombaient autour d'elle semblaient l'accuser et la maudire. — O mon Dieu! s'écriait-elle, je ne vous demande plus le bonheur; je ne vous demande rien, qu'une place auprès de ma mère. Mais sauvez cet enfant que j'ai perdu! Envoyez-lui un de vos anges qui le console et le guérisse; ayez pitié de tant de

CHAPITRE XII.

misère! lui n'a pas mérité de souffrir! Que je souffre, moi, c'est justice; mais lui, Dieu juste, que vous a-t-il fait?

Elle allait d'un pas rapide. Quand elle avait marché des heures entières, elle tombait de fatigue sur le gazon humide de rosée, et bien souvent les premiers rayons de l'aube la virent étendue sur la rive. Plus d'une fois, les paysans qui précédaient le jour aux champs aperçurent, dans les allées effeuillées du jardin et sur le versant du coteau, un fantôme blanc qui glissait, et du bout de ses pieds effleurait à peine la pointe des bruyères. Long-temps, au village, on en parla à la veillée. Les oracles du lieu assuraient que c'était l'âme de madame de Vieilleville qui venait, chaque nuit, visiter Marianna, et qui s'envolait aux premiers feux du jour.

Cependant le mal croissait. Exaltée par le silence et par la solitude, Marianna grossissait de tous les rêves d'une imagination maladive les tristes réalités qui pesaient sur elle. L'incertitude dans laquelle elle se trouvait sur la destinée d'Henry ne lui laissait pas un moment de calme et de répit; c'était une anxiété de toutes les heures, de tous les instants. Parfois cette anxiété devenait si intolérable, que madame de Belnave se décidait tout à coup à partir. Prenant alors l'irritation de la douleur pour un retour de la jeunesse, pour l'énergie du cœur, la surexcitation du cerveau, il lui semblait qu'elle n'en avait pas complétement fini avec l'amour. Elle entrevoyait pour elle et pour Henry mille secrets de félicité qui lui étaient échappés. Elle enfantait mille plans de réforme; elle se disait que l'expérience seule leur avait manqué, et que la science de la vie les ramènerait au bonheur. Alors son teint se colorait, ses yeux brillaient d'un éclat soudain. Elle demandait des chevaux, elle voulait partir. Elle sentait bondir son cœur à la pensée de revoir Henry, de le presser follement sur son sein, de relever cette âme qu'elle avait fatalement brisée. Mais ce n'était qu'une exaltation passagère qui s'abattait au premier souffle de la raison. Le passé était là tout saignant, tout palpitant ! il criait à Marianna que le mal était sans remède, et qu'elle ne pouvait plus rien pour Henry, ni pour elle-même. Au souvenir de leurs tortures, elle reculait d'effroi et ne trouvait plus l'énergie d'affronter de nouveaux orages. Une fois elle partit; mais, arrivée à la Châtre, elle n'eut pas la force d'aller plus loin, et les chevaux la ramenèrent à Vieilleville. Que devenait Henry, cependant? où allait cette destinée qu'elle avait égarée? quelle main amie pansait les blessures qu'elle avait faites? A ces questions, sa tête se perdait, et Marianna regrettait le temps où elle avait souffert pas

Bussy tout ce qu'Henry souffrait en ce moment par elle.

Ses journées se traînaient inoccupées. Ses livres favoris ne la charmaient plus; elle laissait son cheval errer en liberté dans les prairies. Toutes ses ardeurs de jeunesse étaient éteintes. Elle n'avait aucun refuge contre elle-même. La prière l'aurait consolée; mais cette âme tenait encore, par la douleur, de trop près à la terre, pour pouvoir s'en détacher, et se retirer en Dieu. La mélancolie de l'automne semblait seule apporter quelque allégement à ses maux. Elle se plaisait à marcher dans les bois à demi dépouillés, et à mêler le deuil de ses pensées au deuil de la nature. Souvent elle passait des jours entiers assise entre des touffes de bruyères, sans penser ni souffrir, et comme anéantie. Elle écoutait les feuilles s'abattre autour d'elle, et demeurait de longues heures à suivre du regard les fils de la vierge qui se promenaient dans le ciel. Elle ne pensait pas, elle ne souffrait pas; seulement deux ruisseaux de larmes coulaient de ses yeux sans effort et sans bruit, et baignaient son visage immobile. A la tombée de la nuit, elle se levait et retournait d'un pas lent au château; c'étaient là ses meilleurs jours.

Un soir, comme le soleil près de s'éteindre ne jetait plus que de pâles rayons, elle était son son lit, prêtant une oreille charmée aux mélodies du jour qui finissait. C'était la première fois, depuis son retour à Vieilleville, qu'elle se trouvait dans une disposition si paisible. Les parfums de la saison entraient par la fenêtre ouverte; une folle brise faisait trembler les rideaux du lit et jouait dans les cheveux de Marianna. Pour la première fois, depuis bien long-temps, Marianna respirait avec un sentiment de bien-être. Ses pensées orageuses sommeillaient; il se faisait en elle un de ces silences qui succèdent aux grandes tourmentes. Subitement amolli par je ne sais quelles influences, son cœur éprouvait un vague besoin d'affections douces et tendres. Elle se portait aux jours de Blanfort; elle se rappelait les veillées autour de l'âtre, les promenades du soir, les repas pris en famille; les souvenirs de cette vie, si long-temps outragée, passaient sur son âme comme des brises bienfaisantes. Blanfort lui apparaissait confusément, comme au matelot, battu par la tempête, le port où les vents ne le ramèneront jamais.

Comme elle était bercée par ces rêves, elle tourna ses yeux vers le Christ d'ivoire que dorait le dernier reflet du couchant; entre le fond de velours noir et la tête couronnée d'épines, elle aperçut un papier que jusqu'alors elle n'avait pas remarqué. Elle se leva et le prit. C'était une lettre à l'adresse de Marianna; aux teintes flétries de l'enveloppe, il était aisé de voir qu'elle avait été déposée là depuis plusieurs années. A la suscription, madame de Belnave reconnut l'écriture de Noëmi. Elle baisa les caractères avec transport; puis, dans un sentiment de reconnaissance, elle appliqua ses lèvres sur les pieds du Christ, qui semblait lui envoyer cette consolation du ciel.

Cette lettre ne renfermait que quelques lignes évidemment écrites à la hâte, et sans doute le jour où madame Valtone avait ac-accompagné M. de Belnave.

« MA SŒUR,

« Tu reviendras un jour à Vieilleville. Quand tu liras ces lignes, tu seras bien malheureuse! mais quelqu'immense que soit ta douleur, quelque profond que soit ton désespoir, n'oublie pas, ma sœur, que Dieu est bon et que je t'aime. Appelle-moi ou viens à moi. Viens sur ce cœur qui n'aura pas cessé un instant de t'appartenir, viens dans ces bras qui s'ouvriront avec amour pour te recevoir.

Noëmi. »

— C'est toi, c'est toujours toi ! s'écria Marianna. — Elle ne put en dire davantage; sa voix fut étouffée par les sanglots.

Son premier mouvement fut d'écrire à Noëmi et de l'appeler à Vieilleville. Mais, cédant à ce besoin d'émotions qui ne meurt jamais en nous, elle résolut d'aller la trouver à Blanfort. Elle voulait seulement, cachée dans quelque ferme isolée, rôder, la nuit, autour de la maison qui ne devait plus s'ouvrir pour elle, voir sa sœur, sa nièce, les presser toutes deux sur son sein, puis, reprenant la route de son exil, aller où Dieu la conduirait.

— Nous partons, Mariette, nous partons! s'écria-t-elle avec des transports d'enfant.

— Nous partons, madame! dit Mariette avec une expression de découragement, car elle crut que sa maîtresse retournait dans la capitale, et la pauvre fille avait vu madame de Belnave tant souffrir à Paris, que Paris, pour elle, résumait l'enfer, et qu'elle eût préféré voir sa chère maîtresse partir pour les Grandes-Indes.

— Nous allons à Blanfort! s'écria Marianna d'un air de triomphe.

— A Blanfort! répéta Mariette en battant des mains; et, contemplant le visage de sa maîtresse, qu'éclairait en ce moment un pur rayon de bonheur:

— Ah! madame, que je suis heureuse ajouta-t-elle en la pressant brusquement dans ses bras.

XIII.

Quand madame de Belnave ne fut plus qu'à une lieue de Blanfort, elle descendit de voiture, et, suivie de Mariette, elle quitta la grand'route et prit à travers champs. Au bout d'une heure de marche, elles arrivèrent à une métairie neuve, où Marianna crut pouvoir chercher un asile, sans craindre d'être reconnue. Toutefois, elle n'y pénétra qu'après que Mariette se fut assuré par elle-même que sa maîtresse n'y rencontrerait que des visages étrangers. C'était, en effet, des métayers récemment établis dans la contrée. Le mouvement imprimé par Blanfort à l'agriculture et à l'industrie s'était fait ressentir aux environs; quelques années avaient suffi pour changer l'aspect du pays. De nouveaux travailleurs étaient accourus; la charrue avait fécondé les landes incultes; les pampres doraient les coteaux où croissaient autrefois les genets; des maisons blanches riaient çà et là dans la vallée, chacune assise en un verger.

Madame de Belnave trouva à la métairie un accueil bienveillant. Une partie de la famille était occupée au dehors; mais une grosse fille, aux joues vermeilles, restée au logis pour soigner sa mère infirme, reçut l'étrangère avec toute la grâce que comporte l'hospitalité de ces campagnes. Elle la fit asseoir, alluma, pour la réchauffer, un grand feu de sarment, et lui présenta une tasse de lait fumant, qu'elle était allée traire elle-même. Retirée sous le manteau de la cheminée, madame de Belnave demeura long-temps silencieuse, absorbée tout entière par les émotions du retour. La vieille mère reposait, à l'autre coin de l'âtre, dans un fauteuil grossier; un gros chat, qui s'était établi sur un escabeau, devant les braises du foyer, semblait méditer profondément sur la destinée des empires. La jeune villageoise paraissait absorbée par des soins de toilette; la robe d'indienne à carreaux rouge et bleu, le bonnet de dentelle et le fichu, étalés çà et là sur le bahut de chêne et sur le lit à courtines de serge verte, disaient assez que la jeune fille se préparait à quelque solennité champêtre. Elle s'arrêtait tour à tour à chaque pièce de sa parure, et son frais visage rayonnait de joie.

— Il paraît, mon enfant, dit madame de Belnave, qui l'observait depuis quelques instans avec intérêt, il paraît que vous allez être de noces; qui sait? peut-être s'agit-il des vôtres?

— Oh! que non pas, madame! dit la jeune fille en rougissant jusque dans le blanc des yeux; Robert, mon frère aîné, ne se marie qu'à la Saint-Martin. Mais c'est demain fête à Blanfort.

— Fête à Blanfort! répéta Marianna avec étonnement.

— Oui, madame, grande fête.

Madame de Belnave chercha dans ses souvenirs, et ne trouva pas quelle pouvait être cette fête dont parlait la jeune villageoise. Elle resta quelques instans silencieuse, puis, renouant la conversation brisée,

— Vous avez un frère, demanda-t-elle?

— J'en ai cinq, madame, dit la jeune fille.

— Cinq! s'écria Marianna, et tous travaillent aux champs?

— Deux seulement, avec mon père; les trois autres sont employés aux forges de Blanfort.

— Ainsi, mon enfant, vous connaissez madame Valtone?

— Oh! oui, madame, répondit la villageoise avec un mouvement d'orgueil; qui ne la connaît pas à trois lieues à la ronde? d'ailleurs, nous sommes métayers de M. Valtone.

— Ah? vous êtes métayers de M. Valtone?

— Oui, madame.

— Et voici long-temps que vous habitez le pays?

— Depuis quatre ans.

— Vous n'êtes pas née dans ces campagnes?

— A Saint-Chartier, madame. Voici quatre ans, à pareille époque, que notre ferme brûla tout entière; nous étions réduits à la misère, mais on nous parla d'un village où les pauvres de bonne volonté étaient accueillis; ce village était Blanfort. Nous y trouvâmes, en effet, du secours et du travail; les forges employèrent trois de mes frères; M. Valtone venait de faire construire une métairie; il nous y plaça. Il faut vous dire, madame, que Blanfort est la providence de ces campagnes.

— Et vous voyez tous les jours madame Valtone?

— Tous les jours, oui, madame; je porte tous les matins le lait de nos vaches au château; et puis, depuis que ma mère est malade, madame Valtone vient souvent à la métairie apporter une chose ou une autre.

— Ah! madame Valtone vient souvent à la métairie?

— Elle est si bonne! vous l'aimeriez si vous la connaissiez. Mais vous la connaissez, madame?

Marianna ne répondit pas.

A la nuit sombre, elle sortit seule de la métairie, et suivit le cours de la Creuse qui devait la conduire à Blanfort. Après une heure de marche, elle reconnut, aux lueurs du crépuscule, les lieux où elle avait cru long-temps avoir passé les plus tristes années de sa vie. Combien ces tristesses, qu'elle avait supportées jadis avec tant d'impatience, lui semblèrent puériles et légères, comparées à celles qu'elle avait endurées depuis! Bientôt elle entendit le bruit des forges qui troublait seul le silence de la nuit; à travers les arbres à demi dépouillés, elle aperçut l'éclat des fourneaux qui se reflétait dans la rivière. A tous ces bruits, à tous ces aspects, son âme se fondait en regrets et en souvenirs.

Pour ne pas traverser Blanfort, elle passa sur le pont de bois qui joint les deux rives, à l'entrée du village. Glissant, comme un fantôme, dans les prairies que la Creuse enveloppait d'une blanche vapeur, elle gagna d'un pas rapide le petit bois qui protégeait la maison contre le bruit des cyclopes, et s'enfonça dans le fourré. La nuit avait achevé d'envahir la vallée ; les forges se taisaient, les ouvriers, accompagnés de leurs enfans, de leurs femmes et de leurs sœurs, traversaient la plaine en chantant. Marianna suivit d'un regard mélancolique ces groupes qui s'évanouissaient, un à un, dans la brume du soir. Bientôt elle n'entendit plus que l'écho joyeux de leurs voix. Il y a dans les chants du travailleur qui s'en retourne, après avoir achevé sa journée, quelque chose de religieux que madame de Belnave comprit pour la première fois. Comme elle s'égarait en confuses rê-

CHAPITRE XIII.

veries, elle crut apercevoir deux ombres qui s'avançaient vers la maison; elle se cacha brusquement dans le bois, et se prit à en parcourir les allées. Rien n'était changé : comme autrefois, à son approche, les merles s'envolèrent effarouchés. Au rond-point, elle trouva le banc de bois, à demi caché sous la charmille, ce banc où tant de fois, assise, elle avait confié à Noëmi les ennuis du présent, et ses aspirations vers les joies inconnues qu'appelait son ardeur. Elle marchait d'un pied furtif; sans y songer, au détour d'une allée, elle découvrit la façade du château. La fenêtre de sa chambre était, comme autrefois, encadrée par des festons de liserons et de vigne vierge. Au luxe du feuillage qui la cachait presque tout entière, on devinait que depuis long-temps les volets n'avaient pas été ouverts. Elle voulut hasarder quelques pas en avant, mais tout à coup ses jambes fléchirent, et, pour ne pas tomber, elle fut obligée de s'appuyer contre le tronc d'un chêne.

La soirée était douce. Assise sur une des marches du perron, Noëmi tenait sur ses genoux une petite fille qu'elle berçait du geste et de la voix. Mais l'enfant refusait le sommeil, et passait en riant ses petites mains dans les longs cheveux de sa mère. Noëmi la contemplait avec amour, et lui fermait les yeux avec ses lèvres. Marianna était près de courir à sa sœur, lorsque celle-ci se leva, et, prenant sa fille par la main, elle descendit les degrés du perron, et s'avança vers MM. de Belnave et Valtone qui tous deux revenaient des forges. M. Valtone baisa sa femme au front, et, faisant à sa fille un siége de son bras gauche, il la porta ainsi jusqu'au château, à la grande joie de l'enfant. Noëmi marchait lentement, appuyée sur le bras de M. de Belnave. Leurs paroles n'arrivaient pas à Ma-

CHAPITRE XIII.

rianna; elle entendait seulement les cris de M. Valtone et de sa fille qui se roulaient tous deux sur la pelouse; il y eut un instant où, poursuivie par son père qui courait après elle, dans l'attitude éminemment paternelle qu'avait Henri IV, lorsqu'il fut surpris, jouant avec ses enfans, par je ne sais quel ambassadeur, la petite fille se réfugia vers le bois, et passa, comme un faon, auprès de Marianna. Madame de Belnave faillit la saisir au vol pour la couvrir de baisers; mais l'approche de M. Valtone l'obligea à se retirer plus avant sous la feuillée. Quand elle revint à sa place, le perron était désert. Elle demeura long-temps à suivre du regard les évolutions des lumières qui brillaient dans les appartemens à travers les persiennes. Une seule fenêtre était encore ouverte, c'était celle de M. de Belnave. Une ombre s'y tenait accoudée sur la balustrade, immobile, la tête appuyée sur la main.

Au bout d'une heure, un profond soupir de tristesse et d'ennui vibra, comme une note plaintive, dans le silence de la nuit; puis l'ombre disparut, et la fenêtre se referma.

Lorsque les lumières se furent éteintes successivement, et que la maison se dessina comme une masse sombre sur le fond étoilé du ciel, madame de Belnave alla s'asseoir à son tour sur une des marches du perron. C'était là que, durant les beaux jours, les deux ménages se réunissaient, le soir, après le repas; là, que Marianna, au retour de ses promenades, trouvait toujours un visage ami pour la recevoir; là, que les serviteurs s'empressaient autour d'elle, quand elle arrêtait son cheval au pied du perron. Elle attacha un triste regard sur la porte qui s'ouvrait autrefois avec joie devant elle.

Après avoir rôdé, comme un proscrit, autour de la maison, elle prit un sentier jadis

préféré. Arrivée au bord de la rivière, près
d'un tertre vert qui mouillait ses pieds dans
la Creuse, elle se rappela qu'un soir, elle
avait passé là de longues heures, seule, outrageant sa destinée, se demandant avec désespoir si son existence coulerait toujours pareille à ces eaux, réfléchissant toujours les
mêmes sites et les mêmes ombrages; si la
vie finissait à Blanfort; s'il n'était pas d'autres cieux, des horizons moins bornés; s'indignant du calme, appelant la tempête.

Les souvenirs s'éveillaient sous ses pas.
C'étaient partout des joies méconnues, des
bonheurs dédaignés, qui l'accusaient d'ingratitude. Près d'un bouquet d'érables et de
trembles qui surgissait, comme un oasis,
dans la vaste prairie, elle se rappela qu'un
jour, au même endroit, elle avait arrêté son
cheval, et qu'après l'avoir elle-même attaché
par la bride aux branches d'un arbre, elle

s'était couchée sur le revers d'une meule de foin. Déjà les désirs inquiets et turbulens s'agitaient en elle ; déjà, chez M. de Belnave, le calme d'une affection sereine avait succédé à la fougue des premiers transports. Il surveillait aux champs l'activité des faneurs, lorsqu'ayant aperçu Marianna, il était allé se placer auprès d'elle. Le jour était brûlant, mais le feuillage abritait la meule comme une tente. M. de Belnave avait pris la main de sa femme, et son amour s'était répandu en paroles affectueuses ; mais l'expression sobre et concise de cette mâle tendresse ne suffisait déjà plus aux exigences de Marianna, qui n'avait prêté qu'une oreille distraite à ces paroles qui n'arrivaient pas à son cœur. Plus tard, au même lieu, elle était venue chercher le silence et la solitude, pour lire une lettre de George, qu'elle avait reçue le matin. C'était une de ces lettres brûlantes, où Bussy s'amusait à jouer la passion, et parvenait à se tromper lui-même. Comme son âme s'était épanouie à l'expression de cette tendresse ! comme elle avait rêvé, sur la foi de ce langage, des amours sans fin, des félicités éternelles ! Elle retrouva ces deux souvenirs sous le bouquet d'érables et de trembles.

La rêverie la ramena sur le bord de la rivière. La Creuse traverse le département de l'Indre, pour aller se mêler à la Vienne. Marianna qui l'avait vue, quelques jours auparavant, si pure, au pied du chateau de Vieilleville, remarqua pour la première fois, qu'en quittant son lit de cailloux et de sable, pour couler sur le gras terrain du Berry, le ruisseau de son pays altérait sa limpidité de cristal.

— O ma rivière chérie! dit-elle avec mélancolie, le sort nous a fait des destinées pareilles. Toutes deux, en nous éloignant de notre source, nous avons perdu la transparence de nos eaux.

Elle passa près d'une maison qui dormait sous les saules, blanche et coquette, le toit ardoisé, les pieds cachés entre les joncs. Marianna se dit qu'avec la paix de l'âme, il n'en fallait pas davantage pour le bonheur. Quelques années auparavant, le monde lui semblait trop petit. Au matin de la vie, le cœur est vaste comme la mer, mais l'heure vient vite où une goutte d'eau suffit à le remplir.

Ainsi, elle allait, faisant lever les souvenirs sous ses pas, comme des oiseaux dans les sillons. Toutefois, un souvenir récent se mêlait au cortège du passé, et en assombrissait les teintes. Fantôme obstiné, Henry était toujours là! Il y a dans le retour sur les maux que nous avons soufferts, une mélancolie pleine de charmes; mais le mal qu'on souffre par nous et pour nous est un trait acéré que nous traînons partout à notre cœur saignant.

Les étoiles allaient pâlir. Déjà le chant perçant des coqs éveillait le jour. Elle prit le chemin de la métairie, tout y reposait encore. Elle gagna le gîte qu'on lui avait préparé, et, épuisée par la fatigue de cette longue course, moins encore que par les émotions qui l'avaient assaillie, elle ne tarda pas à s'endormir d'un profond sommeil. Dans ses rêves, elle vit sa sœur, son mari, et M. Valtone qui lui souriaient avec bienveillance et lui tendaient chacun la main pour la ramener à Blanfort. Appuyée sur le bras de M. de Belnave, escortée de son beau-frère et de Noëmi, elle marchait vers la maison qui allait s'ouvrir pour elle. Les paysans la reconnaissaient et la saluaient sur son passage. A ces témoignages d'affection et de respect, son cœur se gonflait de bonheur : chaque parole bienveillante qui l'accueillait, l'enivrait de joie. Elle entendait le bruit des marteaux retentissans sur les enclumes. Elle voyait, à travers la feuillée, le toit de la famille qui semblait lui sourire. Au bas du perron, les serviteurs se pressaient; sur le haut, la petite Marie, ses blonds cheveux au vent, semblait l'ange du retour, qui l'attendait pour lui rouvrir les portes de l'Eden. Elle marchait heureuse, enivrée, défaillante, les paupières chargées de larmes. Elle approchait du perron, elle en montait les degrés; mais quand elle voulait franchir le seuil de la porte, elle ne le pouvait pas; une force invisible la clouait à sa place, et vainement la famille entière l'appelait du regard, du geste et de la voix; ses pieds étaient rivés à la dalle.

XIV.

Madame de Belnave se réveilla au milieu du bruit et du mouvement de la métairie ; la cour était envahie par une troupe bruyante de jeunes gens et de jeunes filles arrivant des fermes voisines. Les jeunes filles tenaient chacune un bouquet de fleurs à la main. On entendait de tout côté le chant des cornemuses et le son éloigné des cloches de Blanfort qui ébranlaient joyeusement l'air. Le ciel était bleu et le soleil resplendissant comme par une matinée d'avril. Marianna, depuis son départ de Blanfort, avait vécu tellement en dehors des anniversaires de la famille, qu'elle en était encore à chercher dans sa mémoire quelle pouvait être cette fête qu'on allait célébrer au village; Mariette lui rappela que c'était celle de madame Valtone. Marianna se souvint qu'en effet sa fête et celle de sa sœur étaient autrefois les deux grandes solennités du pays. Cachée dans l'encoignure d'une fenêtre, de peur d'être reconnue, elle vit la troupe champêtre s'éloigner, cornemuse en tête, et prendre le chemin du village. Il ne restait plus qu'elle à la métairie, avec la vieille mère infirme que Mariette s'était engagée à soigner, en l'absence de ses enfans. Elle résolut d'attendre le soir, pour aller rôder autour du château et pour aviser au moyen d'attirer sa sœur dans le petit bois.

Tandis que madame de Belnave était obligée de se cacher dans ces lieux où elle avait si long-temps régné, la joie éclatait à Blanfort. Dès le matin, des tables avaient été dressées sous des tentes, le long de la Creuse; on dansait aux deux extrémités de la prairie. Ce jour-là, les forges étaient muettes et les champs déserts. Appuyée sur le bras de M. de Belnave, suivie de son mari et de sa fille, Noëmi se mêlait à la foule, recevant les complimens de tous et les bouquets des villageoises, embrassant les unes, prenant la main aux autres, adressant à chacune quelque parole affectueuse. Elle semblait d'ailleurs ne point partager l'allégresse commune; souvent elle tournait vers M. de Belnave un regard suppliant, comme pour lui demander pardon. Elle avait long-temps insisté pour qu'on supprimât cet anniversaire; mais M. de Belnave s'y était formellement opposé. Sa douleur n'avait jamais été cette douleur égoïste qui veut que tout pleure avec elle. Depuis son retour de Paris, on ne l'avait jamais vu sourire; mais jamais autour de lui on n'avait eu à souffrir de son humeur ou de sa tristesse.

— Rien n'est changé à Blanfort, avait-il dit une fois pour toutes; il n'y a de moins ici que mon bonheur.

Vers le soir, madame Valtone, détachée de son beau-frère et de son mari, s'approcha d'une *bourrée* et se prit à causer avec quelques jeunes filles qui s'étaient groupées autour d'elle. Elle entretint long-temps Denise, la blonde, de son prochain mariage avec Léonard; puis, s'adressant à une jeune paysanne dont le minois frais et vermeil s'épanouissait comme une rose de Provins, au milieu de ses compagnes, elle lui demanda des nouvelles de sa vieille mère. C'était précisément la jeune métayère qui avait donné l'hospitalité à madame de Belnave. Elle s'appelait Solange, de ce doux nom qui protège les champs du Berry.

— Est-ce que la pauvre infirme est restée seule? dit Noëmi avec sollicitude.

Solange répondit qu'une dame étrangère était installée, depuis la veille, à la métairie, et qu'en l'absence de sa famille, sa bonne avait promis de veiller sur la malade.

Une dame étrangère à la métairie! s'écria madame Valtone avec étonnement.

— Oui, madame, ajouta Solange; bien belle, un air triste et souffrant. Arrivée hier dans le jour, elle est demeurée jusqu'au soir sous la cheminée; vers la nuit, elle est sortie et a pris le chemin de Blanfort. A trois heures du matin, elle n'était pas de retour.

Noëmi prit à part la jeune paysanne.

— Son nom? le nom de cette étrangère? vous ignorez son nom? demanda-t-elle.

— Oui, madame. Tout ce que je puis dire, c'est qu'elle appelle sa bonne Mariette.

Noëmi devint pâle, et faillit tomber sur la pelouse; mais, puisant des forces dans son émotion même, elle s'échappa et courut vers la métairie. Elle traversa le petit bois pour abréger la route. Sur le banc du rond-point, M. de Belnave était assis, rêveur. Elle glissa près de lui sans être aperçue; ses pieds effleuraient à peine la pointe du gazon. Quand elle se trouva sur l'autre rive, elle fut obligée de s'asseoir et d'appuyer fortement ses deux mains sur sa poitrine, pour l'empêcher d'éclater. Après avoir aspiré quelques bouffées d'air, elle se releva et poursuivit sa course. Elle entra dans la métairie. La première personne qu'elle rencontra fut Mariette.

— Ma sœur! où est ma sœur?

Marianna venait de quitter la métairie pour gagner le village.

— C'est donc ma sœur! s'écria-t-elle en se précipitant dans les bras de Mariette. Elle s'en arracha presque aussitôt pour retourner à Blanfort. Elle prit un autre sentier, dans l'espoir de rencontrer Marianna. Mais son regard la chercha vainement le long des traînes. Elle avait peur de mourir avant de l'avoir embrassée; elle ne se souvenait plus de sa fille. Parfois elle s'arrêtait pour écouter; d'autres fois elle volait d'un pas plus rapide, abusée par quelque blanche robe de bouleau qui perçait au loin les ombres du soir. Arrivée dans la prairie qu'animaient encore les bruits de la fête, elle se dirigea vers le bois, supposant que sa sœur y avait cherché un refuge. Comme elle allait y pénétrer, elle se trouva face à face avec M. de Belnave qui en sortait. Son visage était pâle et sévère, tout son corps agité par un mouvement convulsif.

— Qu'est-ce donc? demanda-t-elle d'une voix mourante.

— Votre sœur est-là! dit-il.

Et, s'éloignant du bruit et de la foule, il s'enfonça dans les terres.

Madame Valtone marcha droit au rond-point. Marianna était étendue sans connaissance sur le gazon. Noëmi se jeta sur elle en criant : — Ma sœur! ma sœur! ma sœur bien aimée! Elle lui prit la tête entre ses mains et la pressa contre son cœur, en l'inondant de pleurs et de baisers. Mais Marianna ne répondait pas; ses yeux étaient fermés, sa figure livide, son corps froid et inanimé. — Marianna! Marianna! ma sœur bien aimée! criait Noëmi. Les yeux de Marianna s'entr'ouvrirent, mais pour se fermer aussitôt. — Morte! je suis morte! murmura-t-elle;

il m'a tuée d'un regard. — Tu vis! tu vivras! s'écria Noëmi en se levant avec transport. Elle courut au château, et revint, suivie de Marinette. Ces deux femmes prirent dans leurs bras l'infortunée qui ne donnait plus aucun signe de vie, et la portèrent dans sa chambre, dans cette chambre où nul n'avait pénétré depuis son départ de Blanfort. En moins d'un instant, tout fut préparé; un grand feu brilla dans l'âtre, l'air fut renouvelé; le lit blanc s'ouvrit, comme un linceul, pour recevoir Marianna morte ou mourante. Noëmi envoya chercher Mariette. Dès qu'elle fut seule près de sa sœur, s'agenouillant au pied du lit, elle pria avec ferveur. — Mon Dieu! dit-elle le front dans la poussière, si j'ai bien mérité de votre bonté par toute une vie de résignation, je vous abandonne, Seigneur, la récompense que vous me réservez; je la laisse entre vos mains pour racheter les fautes de cette chère créature.

Madame de Belnave ne tarda pas à être prise d'une fièvre ardente. Ses joues s'étaient colorées; ses yeux brillaient d'un sombre éclat, ses mains étaient sèches et brûlantes. Quand Mariette fut installée au chevet de sa maîtresse, Noëmi descendit dans la prairie, de peur qu'on n'y remarquât son absence. Personne ne se doutait de ce qui se passait au château. Attablé sous une tente, sa fille sur ses genoux, M. Valtone s'entretenait avec les ouvriers de la forge. Il se faisait tard; les flacons étaient vides, les danses avaient cessé; déjà la foule s'éloignait en groupes chantans. M. Valtone se retira dans sa chambre, sans se préoccuper de l'absence de M. de Belnave; il comprenait qu'en un pareil jour, son ami cherchât le silence et la solitude. Après avoir endormi sa fille, Noëmi s'échappa de l'appartement, et, assise sur l'un des degrés du perron elle attendit le retour de son beau-frère. Les heures s'écoulèrent; la lune s'enfonça à l'horizon comme un disque de fer rouge; M. de Belnave n'avait point paru. Enfin Noëmi l'aperçut qui s'avançait vers le château. Elle alla droit à lui.

— Mon frère, je vous attendais, lui dit-elle.

— Noëmi, répondit M. de Belnave, vous savez qu'il a été convenu entre nous que vous ne me parleriez jamais d'elle.

— Ce n'est pas pour madame de Belnave que je viens vous supplier, dit Noëmi avec assurance; c'est pour Marianna de Vieilleville, c'est pour ma sœur. Mon frère, écoutez-moi. Depuis notre retour de Paris, la femme qui vous parle à cette heure n'a eu qu'une étude, celle de remplacer auprès de vous, autant qu'elle pouvait le faire, l'épouse que vous aviez perdue. Soins, prévenances, tendresse, sollicitude, tout a été pour vous, mon frère, au point qu'en voyant ce qui se passait à Blanfort, on eût dit que c'était M. Valtone, et non vous, qui traînait ses jours dans le veuvage. Loin de s'offenser de l'affection que je vous témoignais, M. Valtone l'encourageait lui-même; et, s'il est vrai de dire que jamais plus noble cœur que le vôtre ne fut si cruellement frappé, il est juste d'ajouter que jamais douleur moins méritée n'inspira de sympathies plus vives ni plus profondes.

— Vous avez été pour moi un ange de bonté; vous êtes Noëmi, une adorable créature.

— Ah ! s'écria-t-elle, pardonnez-moi de vous parler ainsi; je ne suis qu'une humble femme. Mais s'il est vrai que je sois parée à vos yeux de quelques mérites, souffrez que je vienne auprès de vous en réclamer le prix. Je vous l'ai dit, mon frère, je viens vous prier pour ma sœur.

— Quand elle eut brisé ma vie, répondit M. de Belnave, je lui restituai ses biens, ne me réservant que le droit de les administrer pour elle. Jamais un cri de ma douleur n'est allé la troubler au milieu de ses félicités; mais, pensant que le jour viendrait où, brisée à son tour, elle aurait besoin d'un asile pour cacher son désespoir et peut-être aussi ses remords, j'ai veillé à ce que Vieilleville fût toujours prêt à la recevoir. Ce que j'ai fait, vous le savez; pensez-vous que je me sois bien cruellement vengé?

— Comme un noble cœur que vous êtes, s'écria-t-elle.

— Qu'exigez-vous donc à cette heure? demanda M. de Belnave.

— Je n'exige rien, je supplie. Je ne vous supplie pas de lui rendre le titre saint qu'elle a répudié, elle-même n'oserait le reprendre; ni d'oublier le passé, le passé est irréparable; mais seulement d'être bon pour elle, d'avoir pour la sœur de votre Noëmi quelques regards d'indulgence, quelques bienveillantes paroles. Mon frère, elle a bien souffert! Si vous vous êtes montré dur et cruel, c'est que vous ne l'avez pas regardée. C'est une âme brisée, elle aussi, et, quelque mérité que soit leur châtiment, nous devons tendre la main à ceux qui nous ont offensé, pour qu'un jour Dieu nous tende la sienne.

M. de Belnave pressa Noëmi sur son cœur et lui dit :

— Que votre sœur soit la bien venue sous le toit de Blanfort!

— Merci, mon frère, merci! dit-elle.

Elle acheva la nuit au chevet de Marianna. Vers le matin, le délire cessa, la fièvre s'abattit; madame de Belnave tomba dans un profond assoupissement. Sa respiration était paisible, son pouls calme et mesuré. Elle dormit long-temps ainsi, et ne s'éveilla que vers le milieu du jour. Quand elle ouvrit ses yeux encore appesantis, elle aperçut près d'elle Noëmi qui la regardait. Une petite fille, assise sur le pied du lit, jouait silencieusement avec les fleurs, moins blanches et moins roses qu'elle, que sa mère avait reçues la veille. Derrière Noëmi, M. de Belnave se tenait, bienveillant et grave. M. Valtone était retiré dans l'embrasure d'une fenêtre. Marianna crut que c'était un rêve, et ses paupières se fermèrent. Mais, pressée par ses souvenirs, elle les rouvrit presque aussitôt, et promena sa main sur son visage pour s'assurer que ce n'était pas un jeu du sommeil. A la vue de M. de Belnave, elle se rappela ce qui s'était passé dans le bois, et, poussant un cri, elle voulut cacher sa tête sous les couvertures. Mais déjà Noëmi la tenait sur son sein et lui prodiguait les noms les plus tendres; sa nièce lui avait noué ses petits bras autour du col, et M. de Belnave s'était avancé vers elle. Il lui dit :

— Il n'y a ici ni coupable ni juge : vous êtes chez votre sœur.

M. Valtone, s'étant approché, dit avec émotion :

— Vous êtes aussi chez votre frère.

Elle ne répondait que par des pleurs et par des sanglots.

M. de Belnave s'éloigna au bout de quelques instans; M. Valtone le suivit. Les deux sœurs restèrent seules avec leur fille. Que de baisers et que de larmes! que de joie et que de douleur!

Marianna se leva à l'heure du repas. Instruits de son retour, les serviteurs de la maison étaient rangés sur son passage. M. de Belnave la conduisit lui-même à la place qu'elle occupait autrefois à la table de la famille. Attentif et respectueux, sans affectation de générosité, jamais il ne l'avait entourée de plus de soins et de prévenances. Le repas achevé, on sortit pour aller aux forges. Marianna marchait, appuyée sur le bras de sa sœur, M. de Belnave auprès d'elle; M. Valtone suivait avec l'enfant. Tous quatre étaient silencieux, mais sans humeur et sans contrainte; il y avait au fond de leur silence quelque chose de doux et de grave à la fois. De rares paroles étaient échangées çà et là, mais rien qui eût rapport à la situation présente. On s'entretenait de choses et d'autres, comme si Marianna n'eût jamais quitté Blanfort. Au retour, on demeura long-temps sur le perron à respirer l'air du soir. Quand il fut l'heure de se retirer, M. de Belnave prit la main de sa femme.

— Monsieur, dit Marianna, je partirai demain, mais avant de partir...

— Pourquoi nous quitter sitôt? répondit M. de Belnave d'un ton de doux reproche. Il n'est personne ici qui se plaigne de votre présence. Noëmi, ajouta-t-il, en se tournant vers madame Valtone, vous ne laisserez pas partir ainsi votre sœur, et, s'il en est besoin, nous joindrons nos instances aux vôtres.

Il se retira après avoir salué Marianna avec une affectueuse politesse. Il avait l'habitude, avant de s'éloigner, de baiser chaque soir le front de Noëmi; ce soir-là, il se contenta de lui serrer la main. Noëmi le remercia dans son cœur de ce baiser qu'il n'avait pas donné. Les deux sœurs ne se séparèrent que bien avant dans la nuit.

Le lendemain, la nouvelle de l'arrivée de madame de Belnave s'étant répandue, tout Blanfort accourut pour la voir. Léonard avait moissonné toutes les fleurs de la saison pour les lui offrir. La mère Loriot, la mère Loutil, la mère Gillet, toutes les mères enfin dont avait parlé Léonard, et quelques autres encore, vinrent l'embrasser et la féliciter. Lorsqu'elle sortit avec sa sœur pour aller visiter le hameau, tous les visages lui firent fête. Toutefois, c'est à peine si elle reconnut le pauvre village d'autrefois. A la place des chaumières, s'élevaient des maisons d'une élégante propreté. L'ardoise et la tuile avaient détrôné le chaume. On sentait que sous ces toits habitaient l'aisance et le bien-être. En voyant toutes les améliorations qui s'étaient opérées durant son absence, Marianna ne pouvait s'empêcher de réfléchir amèrement sur l'inutilité de sa vie et sur l'égoïsme de la passion. M. de Belnave n'était pas allé, lui, pleurer sur les grèves solitaires et soupirer sous les mélancoliques ombrages. Aidé de M. Valtone, il avait changé l'aspect de ces campagnes ; tous deux avaient donné du travail aux bras inoccupés ; il n'était pas un de leurs jours qui n'eût servi au bonheur de leurs semblables ; ils avaient combattu autour d'eux l'oisiveté et la misère ; le succès avait couronné leurs efforts. Noëmi, de son côté, avait contribué à cette œuvre, et, sur son passage, elle recueillait à Blanfort les bénédictions que Marianna avait à son retour recueillies à Vieilleville : bénédictions méritées, celles-là !

Les jours s'écoulèrent sans qu'il fût question du départ de Marianna. Vainement elle voulait s'arracher au charme qui la retenait; elle attendait toujours au lendemain pour reprendre la route de son exil. Tout ce qui l'entourait encourageait si bien sa faiblesse ! Noëmi était si tendre, M. Valtone si fraternel ! M. de Belnave n'était qu'affectueux et poli; mais il avait un tact si exquis pour ne pas la blesser par trop de froideur, pour ne pas l'humilier par trop de respect ! Il y avait à la fois tant de dignité dans sa bienveillance, tant de bienveillance dans sa dignité !

Marianna se reposait dans la paix de la vie domestique; elle en étudiait les détails avec

un intérêt mêlé d'étonnement, comme si
ç'eût été un spectacle nouveau pour elle. Elle
respirait avec de secrètes délices, l'air sain et
fortifiant de l'ordre et du travail. M. de Belnave et M. Valtone, étaient à toute heure occupés; l'administration du ménage reposait
tout entière sur Noëmi, qui conciliait d'une
façon adorable, les soins de sa grâce et ceux de
son autorité. Quoiqu'elle fût chargée de reprendre, de corriger, de refuser, d'épargner,
choses qui font haïr presque toutes les femmes,
elle s'était rendue aimable à tous; la bonne
tenue de la maison était sa gloire, elle s'en
trouvait plus ornée que de sa beauté. On se
réunissait aux heures des repas; le soir, autour
du globe de la lampe, devant les feux joyeux
de l'automne, M. de Belnave lisait les journaux
du jour, tandis que les femmes s'occupaient
de travaux d'aiguille; ou bien M. Valtone
racontait à sa fille quelque merveilleuse his-

toire qui endormait l'enfant dans les bras de sa mère. Puis, on causait, on faisait quelque bonne lecture, interrompue çà et là, par des réflexions plus ou moins judicieuses; les discussions s'entamaient, les heures fuyaient, et on se séparait après s'être serré la main. Les choses ne se passaient pas autrement, avant que Marianna eût quitté Blanfort; et pourtant il lui semblait pénétrer pour la première fois dans les secrets de cette intimité.

Un peu de repos descendait dans son âme. Le souvenir d'Henry la poursuivait encore, mais moins acharné, moins terrible. En partant de Vieilleville, elle avait expressément recommandé que, s'il arrivait une lettre à son adresse, on la lui envoyât aussitôt à Blanfort. En effet, quelques jours après son départ, un paysan, venu tout exprès de Vieilleville, lui remit une lettre qui la rassura sur la destinée d'Henry. C'étaient quelques lignes seulement, où George disait que ce jeune homme semblait supporter son malheur avec courage; qu'il était calme et qu'il s'en relèverait. Après l'avoir lue, Marianna brûla cette lettre. Elle avait bien confié à sa sœur le mal qu'elle avait souffert; mais elle n'avait pas osé lui dire le mal qu'elle avait fait.

Ce fut par une douce soirée, sur le banc du petit bois, au murmure des feuilles sèches qui tombaient en tournoyant autour d'elles, que madame de Belnave raconta à Noëmi l'histoire de sa liaison avec George. Ce fut un pénible récit qu'interrompirent bien des larmes. Lorsqu'il fut achevé, madame Valtone la prit entre ses bras et la tint long-temps embrassée. Mais Marianna s'en arracha avec honte, car elle n'avait pas tout avoué; elle se sentait aussi coupable que malheureuse; sur le sein de Noëmi, elle se disait qu'Henry n'avait pas de sœur qui le consolât et pleurât avec lui.

Après un long silence, elle pria madame Valtone de raconter à son tour l'histoire de ses jours depuis que le sort les avait séparées.

— L'histoire de mes jours! dit Noëmi en souriant; mais, chère enfant, mes jours n'ont pas d'histoire. Moi, je n'ai rien à raconter: toutes mes heures se ressemblent; le récit de ma vie tiendrait tout entier dans une page de la tienne. J'ai suivi la route commune, le chemin ouvert devant moi; j'ai marché, chargée par le devoir, à l'ombre de mon sentier. Il n'est guère d'intérieur en province où ne se trouve quelque femme qui pourrait au besoin te dire mon existence : c'est celle de tout le monde. J'ai travaillé, j'ai souffert, j'ai attendu : Dieu n'a pas trompé mon attente. Si ton bonheur ne manquait pas au mien, je serais heureuse à cette heure. Voilà tout, chère sœur; que pourrais-je te dire encore? J'ai vécu toujours occupée; l'occupation m'a sauvée de mes rêves. Et puis Dieu m'a aidée, il a éclairé mon esprit, il a retrempé mes forces à son amour. Les occasions de dévoûment que tu es allée chercher au loin, je les ai trouvées autour de moi. J'ai bien lutté; mais je savais que mes efforts auraient leurs récompenses : elles ne m'ont pas manqué, moins vives, moins riches, moins saisissantes que les joies que tu poursuivais, mais plus sûres et moins tourmentées. Si tu me vois heureuse et calme, ne crois pas qu'il ne m'en ait rien coûté. Pour moi, comme pour toi, le mariage a long-temps été une lourde tâche; comme toi, j'ai eu mes rébellions, mes découragemens, mes tristesses, mes aspirations, mes poétiques rêveries. J'ai bien souvent fermé avec colère mes volets aux rayons argentés de la lune; bien souvent j'ai pleuré, en écoutant le rossignol chanter, la nuit, sous mes fenêtres. Mais, quoique la lune fût belle et que le rossignol chantât, je ne reprenais pas moins, le lendemain, mon fardeau de la veille. Chaque jour me le faisait plus léger; j'arrivai bientôt à ne plus le sentir; je finis par l'aimer. Peut-être me trompé-je, mais je crois, moi, que le mariage est le seul asile de la femme; je crois qu'il vient un âge où toute autre destinée nous flétrit. L'amour ne sied qu'à la jeunesse; par quoi le remplacer, quand forcément les années le chassent? Je ne suis qu'une pauvre ignorante, bien incapable de résoudre toutes ces questions; mais il me semble que le mariage répond à toutes les exigences humaines, qu'il comporte toutes les affections. Estime, considération, tendresse, reconnaissance, religion du passé, espoir de l'avenir, tout est là : c'est le charme qui n'a pas d'âge, le lien qui se fait bronze, l'habitude enfin ! Toi, chère enfant, tu as pris une autre route; tu semblais faite pour l'amour et tu voulais tout lui devoir. C'est nous, hélas! qui t'avons perdue. Tu étais la poésie de notre petite colonie, tu faisais notre joie, notre orgueil; nous n'avions d'autre soin que de surprendre tes désirs, d'autre étude que de les satisfaire; nous t'égarions et nous croyions t'aimer. Mais les desseins de Dieu sont impénétrables; c'est toi peut-être qui intercéderas près de lui pour ta sœur.

Marianna secoua tristement la tête; elle n'avait plus droit au pardon promis à ceux qui ont beaucoup aimé.

Cependant le temps fuyait, et Marianna ne partait pas. Ce n'était pas qu'elle prétendît reprendre sa place, ni que M. de Belnave consentît à la lui rendre; mais c'était chaque jour quelque projet nouveau qui retenait pour le lendemain madame de Belnave à Blanfort. Il y avait entre elle et lui une convention tacite que leur rapprochement n'était que momentané; la conviction qu'il ne pouvait en être autrement suffisait à leur dignité, et tous deux laissaient passer les jours sans les compter. M. de Belnave n'avait rien changé à ses manières; son attitude en présence de Marianna était toujours la même; mais parfois il lui échappait quelque expression familière, quelque inflexion de voix attendrie qui la faisait tressaillir et le frappait lui-même de stupeur. Un soir qu'ils revenaient tous quatre de visiter une métairie, Marianna, fatiguée par la marche, s'arrêta pâle et chancelante; le bras de Noëmi ne la soutenait plus. M. de Belnave s'approcha d'elle d'un mouvement irréfléchi.

— Pourquoi ne prends-tu pas mon bras? lui dit-il.

A ces mots, Marianna devint tremblante, et M. de Belnave s'arrêta confus; mais il s'était trop avancé pour pouvoir reculer. Il ne retira pas le bras qu'il avait offert; elle le prit en rougissant. C'était la première fois, depuis son retour à Blanfort. Tous deux rentrèrent au château, sans échanger une parole.

Une autre fois, au repas du soir, après avoir servi Noëmi, M. de Belnave s'adressa à sa femme et lui dit :

— Marianna, veux-tu que je te serve?

Ces mots produisirent sur les quatre convives l'effet d'une commotion électrique. Marianna se leva de table pour aller cacher son émotion. Mais ces petits incidens étaient rares, et la contrainte qui en résultait ne se prolongeait pas au-delà de quelques heures.

Ainsi les jours se succédaient. Déjà l'hiver avait attristé le paysage; les coteaux étaient nus; le givre pendait aux branches ; les bises de décembre soufflaient dans la vallée. Les longues veillées avaient remplacé les promenades du soir. Rassurée sur la destinée d'Henry, Marianna s'abandonnait au courant de la sienne. Elle s'acclimatait, sans s'en apercevoir, dans l'atmosphère de Blanfort. De son côté, M. de Belnave subissait, à son insu, quelque chose de l'influence autrefois adorée. Comme autrefois, la présence de Marianna égayait encore la table et le foyer. Un jour qu'elle parlait de son prochain départ à Noëmi qui s'efforçait de la retenir, M. de Belnave s'interrompit de sa lecture pour faire remarquer que les chemins étaient impraticables en cette saison, et qu'il ne serait pas prudent de s'y aventurer avant le retour du printemps. Noëmi les observait l'un et l'autre avec une attention avide, et, sans rien préciser dans sa pensée, elle augurait bien de l'avenir. Quant à M. Valtone, il se rappelait le beau résultat qu'avait obtenu jadis son intervention dans les affaires des deux époux, et, bien décidé cette fois à ne point s'en mêler, il laissait les choses aller leur pas, sans se permettre la plus humble réflexion.

Marianna s'oubliait et se laissait vivre. Elle avait reçu de Paris une seconde lettre qui l'avait confirmée dans sa sécurité sur le sort d'Henry. Le mal était grand, sans doute, mais non pas sans remède. George persistait à croire que madame de Belnave, en partant, avait prudemment et noblement agi. Il ajoutait qu'Henry continuait d'être calme, qu'il s'entretenait du passé avec résignation, et qu'il parlait de voyager prochainement. Toutefois, bien qu'il fût en pleine jouissance de la fortune de son père, il avait conservé sa petite chambre d'étudiant et s'était obstinément refusé à prendre un appartement qui fût plus en rapport avec sa position. C'était le seul symptôme alarmant qu'eût signalé la lettre de Bussy. Marianna pouvait donc faire trêve, sinon à ses remords, du moins à son anxiété. Elle pensait, avec George, qu'elle avait sagement fait de partir, et qu'Henry l'en remercierait un jour. Et puis, faut-il le dire? elle ne croyait pas plus à l'éternité de la douleur qu'à l'éternité de l'amour; elle avait des momens d'insensibilité railleuse où elle savait fort bien qu'il était au monde des femmes jeunes et belles, et qu'Henry guérirait et se consolerait.

Pour elle, revenue des ambitions tumultueuses, flétrie, brisée, meurtrie, avide de repos, elle s'endormait, mollement bercée par la tendresse de sa sœur, dans la paix et dans le silence d'une vie paisible et réglée. Un coup de foudre la réveilla.

XV.

Par une matinée de janvier, la famille était réunie dans la salle à manger dont la porte vitrée ouvrait de plain-pied sur le perron. La neige tombait paisiblement au dehors; la flamme étincelait au-dedans. Le déjeuner se prolongeait paresseusement. On causait, on prenait le thé, on se complaisait dans ce sentiment de bien-être égoïste que la neige procure à ceux qui la voient tomber du coin de leur feu. Tout à coup des pas lourds retentirent sur les marches du perron, la porte s'ouvrit, et un homme tout blanc, comme la statue du commandeur, entra pesamment dans la salle. C'était un paysan de Vieilleville; il avait l'air sinistre et niais. Après s'être secoué comme un chien mouillé, le rustre enfonça sa main calleuse dans la poche de son gilet, et en tira une lettre qu'il remit à madame de Belnave. Le cachet en était noir : Marianna pâlit en le brisant. Chacun, par discrétion s'était levé de table. Lorsqu'au bout de quelques instants, on la chercha du regard, elle n'était plus dans la salle; elle s'était échappée, sans que personne s'en fût aperçu. Le fait était si simple que personne ne s'en préoccupa. On causa longtemps encore avec le courrier de Vieilleville; puis on se sépara pour aller chacun à ses affaires.

CHAPITRE XV.

Après avoir veillé aux soins du ménage, madame Valtone se rendit dans la chambre de sa sœur et ne l'y trouva pas. Elle s'en étonna médiocrement; Marianna avait l'habitude de passer la plus grande partie de ses heures chez Noëmi. En quittant la chambre de sa sœur, Noëmi se rendit dans la sienne; Marie s'y trouvait seule avec sa bonne, madame de Belnave n'y était pas. La bonne interrogée répondit qu'elle n'avait pas vu sortir madame de Belnave, et qu'elle ignorait où elle pouvait être. Madame Valtone s'inquiéta; elle visita tout le château, questionna les domestiques : aucun ne put dire ce qu'était devenue Marianna. On ne devait guère supposer qu'elle eût quitté la maison par un temps si rigoureux; d'ailleurs son chapeau, ses gants et son manteau étaient dans son appartement. Cependant madame Valtone, sérieusement alarmée, se décida à la chercher dehors. En sortant par la porte qui donnait sur le petit bois, elle remarqua sur la neige la trace des pieds de Marianna. Elle gagna le bois, elle en parcourut les allées : les allées étaient désertes. L'empreinte des pas était partout, Marianna nulle part. Noëmi appela, aucune voix ne répondit. Elle pressentit un affreux malheur.

Il était bien clair cependant que madame de Belnave ne pouvait être que là; en observant la trace de ses pieds, il était clair qu'elle était entrée dans le bois, et qu'elle n'en était pas sortie. Noëmi se prit à la chercher encore, et à chaque tour d'allée elle criait le nom de Marianna. Enfin, en plongeant ses yeux dans le fourré, elle vit sa sœur accroupie au milieu des ronces, accoudée sur ses ses genoux, la figure appuyée sur ses deux mains, immobile, le regard fixe, les lèvres pâles, les dents serrées. La neige tombait sur sa tête nue; les épines avaient ensanglanté son visage. Noëmi se précipita vers elle, elle l'entoura de ses bras, la pressa de caresses et de questions. Marianna ne bougeait pas.—Qu'as-tu? qu'est-il arrivé? disait Noëmi en se frappant la poitrine avec désespoir, Marianna était de marbre. Elle tenait déployée entre ses doigts la lettre qu'elle avait reçue de Vieilleville. Ne pouvant obtenir de sa sœur une parole ni même un regard, madame Valtone fit un effort sur elle-même; elle prit cette lettre et la lut. Ce n'étaient que quelques lignes tracées à la hâte.

« Près d'en finir avec l'existence, je veux vous dire un dernier adieu. Ne m'accusez pas de mourir; n'en ayez, je vous prie, ni regret ni remords. Raisonnablement, que puis-je attendre de la vie? Rendre plus tard le mal que j'ai souffert? me venger sur un jeune cœur comme George s'est vengé sur le vôtre, comme vous vous êtes vengée sur le mien?

Assister à ma ruine; me survivre à moi-même ? Je pense qu'il vaut mieux mourir. Et je meurs! je meurs dans l'espoir que les amours brisés sur la terre se renouent dans un monde meilleur. Je vais vous attendre là-haut. Adieu donc, vous que j'ai tant aimée! ma main est prête, et cette fois vous ne viendrez pas la désarmer. « HENRY. »

Noëmi comprit tout. Elle souleva sa sœur entre ses bras et la ramena dans sa chambre. Revenue de la torpeur où elle était plongée, Marianna fut calme le reste du jour. Elle ne versa pas une larme, elle ne poussa pas un cri, elle ne prononça pas un mot. Seulement elle pria Noëmi de dire au château qu'elle était souffrante, qu'elle ne descendrait pas, et qu'elle désirait être seule. La nuit suivante, elle ne se coucha pas; madame Valtone qui redoutait quelque funeste dessein, veilla jusqu'au matin avec elle. Elle essaya plusieurs fois de l'attirer sur son cœur ; mais chaque fois Marianna la repoussa d'un air sombre.

Le lendemain, l'heure du déjeuner avait réuni, comme la veille, M. de Belnave, M. Valtone et Noëmi ; Marianna seule était absente. M. de Belnave s'informa d'elle avec sollicitude, et demanda à Noëmi si sa sœur ne les recevrait pas dans le jour.

— Vous la verrez bientôt, répondit-elle tristement, avec des larmes dans la voix.

Comme, M. de Belnave la regardait d'un air étonné, une voiture s'arrêta devant le perron. La porte de la salle s'ouvrit, et Marianna parut en habits de voyage.

— Ce n'est pas moi qui vous renvoie, au moins ! s'écria M. de Belnave ému, en allant brusquement vers elle.

— Qu'est-ce donc? pourquoi ce départ? Tout le monde ici vous aime, dit vivement M. Valtone.

— Ah! chère infortunée! s'écria Noëmi en pleurant.

— Monsieur, dit Marianna en s'adressant à M. de Belnave, j'ai trop long-temps abusé de votre généreuse hospitalité. Je pars, vivement pénétrée de ce que vous avez fait pour moi; je vous le dis du plus profond de mon âme, vous auriez voulu vous venger, que vous n'eussiez pas mieux réussi. Et maintenant que c'est l'heure de la séparation dernière, si vous vouliez m'appeler un instant sur votre cœur, vous seriez tout-à-fait vengé.

— Ah! venez! dit M. de Belnave en lui ouvrant ses bras.

Elle s'en arracha bientôt.

— Mon frère, vous avez été excellent pour moi, dit-elle, en tendant la main à M. Valtone.

— Mais, mort de ma vie! pourquoi partez vous? s'écria-t-il, attendri et furieux à la fois.

CHAPITRE XV.

— Et toi! ma sœur, et toi! dit Marianna.

Elles se jetèrent dans les bras l'une de l'autre et se tinrent long-temps embrassées.

— Où vas-tu demanda Noëmi d'une voix étouffée.

— Je ne sais pas; le monde est grand, dit-elle.

Le bruit de son départ s'étant répandu dans le château, les serviteurs vinrent l'embrasser. Elle insista pour que Mariette restât à Blanfort, mais vainement. Quand ce fut l'heure de monter en voiture, on n'entendit plus que ces paroles, mêlées de sanglots : Ma sœur! Marianna! madame! notre chère maîtresse! Comme elle allait descendre les marches du adrron, elle se sentit tirée par sa robe; c'était sa petite nièce, qui, pleurant de voir tout le monde pleurer, ne voulait pas la laisser partir. Marianna la baisa à plusieurs reprises, et, s'arrachant enfin des bras qui la retenaient, elle se jeta dans la voiture, et sa main envoya le dernier adieu.

Le ciel était noir; les champs étaient déserts; des troupes de corbeaux s'abattaient lourdement dans les landes. La Creuse, grossie par les pluies et les neiges, avait inondé ses rivages. Tout n'était que tristesse et désolation.

Quand la voiture eut atteint le haut de la colline, Marianna la fit arrêter, et se pencha pour voir une dernière fois le village. Le soleil qui venait de crever un nuage, versait sur Blanfort un rayon d'or pâle. Elle demeura quelques instans à regarder la fumée du toit domestique qui s'élevait toute bleue à travers les chênes blancs; puis, reprenant la route de l'éternelle solitude,

— Le bonheur était là, dit-elle.

FIN DU SECOND ET DERNIER VOLUME.

SOUS PRESSE :

LE

DOCTEUR HERBEAU,

2 Vol. in-8. — Prix : 15 fr.

www.ingramcontent.com/pod-product-compliance
Lightning Source LLC
Chambersburg PA
CBHW070438170426
43201CB00010B/1143